Beate M. Weingardt

Du bist gut genug!

Wie Sie Ihre inneren Antreiber erkennen und gelassener werden

scm R.Brockhaus

Umschlag: Dietmar Reichert, Dormagen
Gesamtherstellung: Breklumer Druckerei Manfred Siegel KG
ISBN 3-417-24917-1
Bestell-Nr. 224 917

INHALT

Man sollte die Welt so nehmen, wie sie ist, aber nicht so lassen.

IGNAZIO SILONE

Vorwort

Der Ausgangspunkt dieses Buches sind zwei sehr persönliche Erfahrungen, die ich im Lauf meines Lebens und meines Christseins immer wieder gemacht habe:

- Die meisten Menschen (auch viele Christen und Christinnen), die ich kannte oder näher kennen lernte, waren erstaunlich inkonsequent, das heißt, sie handelten vielfach nicht entsprechend ihren Worten, ihren Einstellungen und ihrem Glauben. Diese Inkonsequenz war unabhängig von Alter oder Bildungsstand bzw. Intelligenz.
- *Ich selbst* war oft ebenso inkonsequent und verhielt mich anders, als ich es von meinen Werten und meiner christlichen Überzeugung her tun sollte.

Nun könnte ich es mir und Ihnen leicht machen, indem wir uns damit entschuldigen, dass wir alle Menschen sind – nicht besser und nicht schlechter als der Durchschnitt der Menschheit. Ich will es Ihnen und mir aber nicht leicht machen, denn wozu sollte eine solche Beruhigungspille gut sein?

Stattdessen habe ich den Versuch unternommen, den Ursachen für diese seltsame Gespaltenheit, die ich an mir und anderen oft wahrnehme, auf den Grund zu gehen. Mein Ziel war es, mich und meine Mitmenschen besser zu verstehen. Ich bin durch die Beschäftigung mit diesem Thema diesem Ziel um einiges näher gekommen: Heute ist mir vieles nicht mehr fremd, was ich an mir und anderen beobachte. Und ich bilde mir ein, dass ich sogar einen Weg gefunden habe, der mich und Sie, und sei es nur in Millimeterschritten, herausführt aus dieser Inkonsequenz. Aber vielleicht sollten wir uns in einigen Jahren wieder sehen. Dann könnte ich Ihnen sagen, ob ich tatsächlich von der Stelle gekommen bin – und Sie könnten mir berichten, ob dieses Buch auch in Ihrem Leben etwas ausgelöst, bewegt oder verändert hat.

Ich widme dieses Buch all den Männern und Frauen, mit denen ich mich so offen und ungeschminkt austauschen kann, dass es eine wahre Freude ist. Solche Gespräche bereichern, machen mich glük-klich, aber sie beunruhigen auch und stimmen mich manchmal trau-rig, kurz: Sie bringen mich weiter – und was kann es Schöneres ge-ben?

Dank gebührt meinem Mann Ernst-Werner Briese und meiner Toch-ter Anuschka Cathérine Weingardt, die das Manuskript kritisch ge-lesen und kommentiert haben, sowie meiner Freundin Sabine Teu-chert, die mich mit lebhaftem Interesse und weiterführenden Fragen motiviert hat, dieses Buch zu schreiben.

Anmerkung

Bitte haben Sie Verständnis dafür, dass ich mich in meinem Text, wo es um Personen geht, auf die männlichen Formen beschränke, auch wenn ich weiß, dass Frauen die fleißigeren Bücherleserinnen sind. Es ist eine Vereinfachung, die lediglich der Lesbarkeit dienen soll.

Einführung

Mensch sein – was bedeutet das?

Wir sind Menschen, wir sind lebendige Geschöpfe – das bedeutet: Wir haben vom ersten Tag unseres Lebens an Bedürfnisse. Ein Neugeborenes muss nicht erst lernen zu schreien, wenn es Hunger hat oder Schmerzen empfindet, wenn es sich alleine fühlt oder aus irgendeinem Grund in seinem Wohlbefinden gestört ist. Es schreit und signalisiert damit seiner Umwelt, dass etwas mit seinem körperlichen oder seelischen Gleichgewicht nicht stimmt. Wir Erwachsenen sind auf dieses Schreien, so durchdringend es auch sein mag, angewiesen, damit wir auf das Baby in angemessener Weise eingehen und für sein Wohlbefinden sorgen können. Lange Zeit dachte man, dass Säuglinge zunächst einmal vor allem auf ihre körperlichen Bedürfnisse fixiert sind. Durch ein Experiment des Stauferkaisers Friedrich II. wurde jedoch im 13. Jahrhundert deutlich, was alle guten Mütter längst geahnt hatten: Kinder brauchen mehr als Nahrung, Schlaf und ausreichend Wärme.

Friedrich II. war sehr wissensdurstig und wollte herausbekommen, welche Sprache Kinder zu sprechen beginnen, wenn sie keine menschliche Sprache hören. Würden sie Hebräisch sprechen – die Sprache des Alten Testaments? Oder Griechisch – die Sprache des Neuen Testaments? Oder gar Latein, was zur Zeit Friedrichs II. so etwas wie die Weltsprache war, vergleichbar mit unserem heutigen Englisch. Da es zur damaligen Zeit mehr als genügend Waisenkinder gab, hatte der Kaiser ausreichend Versuchspersonen zur Verfügung. Seine Anweisung war sehr einfach und lautete: »Die Kinder sollen körperlich versorgt werden, aber sie dürfen von ihren Ammen und Betreuerinnen keinen, aber auch gar keinen menschlichen Laut hören!« Wie die Überlieferung berichtet, brachte das Experiment nicht die von Friedrich erhoffte Antwort. Der Grund war grausam: Alle Kinder starben, bevor sie das sprachfähige Alter erreicht hatten. Vermutlich hat dieser Ausgang den Kaiser überrascht – möglicherweise weniger die Betreuerinnen der armen Kinder.

Sie hatten sicher den langsamen Abschied der Kinder beobachtet – und vielleicht auch mitgelitten. Die Kinder hatten sich von einer Welt verabschiedet, die ihnen alles gegeben hatte, was sie zum körperlichen Überleben brauchten – nur keine Liebe, keine Zuwendung, keine Wärme und Geborgenheit. Modern gesprochen könnte man sagen: Sie waren an ihrer seelischen Einsamkeit zugrunde gegangen.

Wir wissen heute, dass ein Kind vom ersten Tag seiner Geburt ein Geschöpf mit Körper, Geist *und* Seele ist, und das bedeutet: dass es nicht nur körperliche Versorgung braucht, sondern auch geistige Anregung. Vor allem aber sucht es Verbundenheit. Wir sind als Menschen – nicht nur als Kinder! – auf Bindung angelegt: Wir brauchen ein Du, ein Gegenüber, das uns nahe ist, dem wir vertrauen können, bei dem wir uns geborgen fühlen. Erst durch die Begegnung mit diesem Du können wir so etwas wie ein Ich entwickeln, ein Bewusstsein unserer selbst und unseres Wertes.

Das alles wusste Kaiser Friedrich II. nicht, genauso wenig wie er wusste, dass erst durch das Vorsprechen eines anderen Menschen ein Kind lernt, die in ihm angelegte Sprachbegabung zu entfalten. Friedrich wusste auch nicht, dass der Vorsprechende darüber entscheidet, in welcher Sprache, in welchem Dialekt und mit welchem Akzent ein Kind einmal am leichtesten und natürlichsten sprechen wird. Erst recht wusste er nicht, dass unsere Bezugspersonen vom ersten Tag beeinflussen, wie sich unsere Persönlichkeit entwickelt. All das ist uns heute bekannt. Unser Menschsein umfasst von Geburt an zwei Ebenen: neben der körperlichen auch die geistige und emotionale Ebene. Zunächst werden die geistig-emotionalen Bedürfnisse ganz und gar von der Mutter oder dem Vater bzw. der sonst nächststehenden Bezugsperson abgedeckt. Doch mit zunehmendem Alter erwacht in jedem Kind das Interesse an seiner weiteren Umwelt, vor allem an anderen Kindern. Und in dem Maß, in dem Kinder lernen, auf ein anderes Kind einzugehen oder zuzugehen, in dem Maß also, in dem das »Du« für sie an Bedeutung gewinnt, tritt noch eine dritte Ebene in ihr Leben – ich nenne sie die Ebene der Spiritualität. Kinder können diese Ebene noch nicht benennen, aber es ist ganz deutlich, dass sie eine angeborene Bereitschaft haben, an eine Art »höhere Macht« zu glauben, die nicht nur *ihr* Leben, sondern auch das Leben ihrer Eltern quasi übersteigt. Sie beginnen Fragen zu stellen, die sich auf das beziehen, was über das sicht- und greifbare Leben hinausgeht.

Was für Kinder so selbstverständlich ist, gilt allerdings auch für uns Erwachsene: Wir Menschen brauchen den Mitmenschen, sonst können wir nicht wirklich leben, nicht wachsen und unser Menschsein entfalten.

Brauchen wir Erwachsenen auch Gott? Anscheinend nicht, denn unzählige Mitmenschen scheinen auch ohne direkten Kontakt zu Gott gut zu leben. Es steht mir nicht zu, über die Lebensqualität und die Religiosität dieser Menschen ein Urteil zu fällen. Dennoch gehe ich in diesem Buch von der Annahme aus, dass die Bibel Recht hat, wenn sie sagt: »Gott schuf den Menschen zu seinem Gegenüber, zum Gegenüber Gottes schuf er ihn, und er schuf sie als Mann und Frau« (1. Mose 1,27). Damit sind die drei Dimensionen unseres Menschseins umrissen: Wir sind nicht nur als Menschen, sondern auch als geschlechtliche Wesen erschaffen. Wir sind nicht nur als Menschen, sondern auch als Mitmenschen und auf den Mitmenschen Angewiesene erschaffen. Und: Wir sind auf Gott hin angelegt.

Alle drei Bestimmungen bedeuten, dass wir einen Spielraum haben, den wir gestalten dürfen:

- ▷ Wie gehe ich mit mir selbst um?
- ▷ Wie gehe ich mit meinen Mitmenschen um, den nahen und den ferner stehenden?
- ▷ Wie gehe ich mit Gott um?

Doch zunächst möchte ich festhalten: Menschsein heißt, in Beziehungen zu leben und Bedürfnisse zu haben. Ja, was uns als Menschen zutiefst charakterisiert, ist unsere Bedürftigkeit. Dass diese Bedürftigkeit neben dem Geschenk des Geistes *das* Merkmal ist, das uns als Menschen auszeichnet, wird in dem hebräischen Wort für »Seele/lebendiges Wesen« deutlich. Die ursprüngliche Bedeutung dieses Wortes »näfäsch« ist »Kehle«. Wie kommt der Hebräer auf diese Verbindung von Leben/Seele und Kehle? Ganz einfach: In der Kehle finden die drei elementaren Lebensvorgänge des Menschen statt:

- ▷ atmen: ohne Luft kein Leben;
- ▷ schlucken: ohne Wasser und Nahrung kein Leben;
- ▷ sprechen und Gefühle äußern: Ohne Sprache, aber auch ohne Laute (seufzen, kichern, lachen, schluchzen, stöhnen, schreien etc.) ist keine Kommunikation, keine Beziehung zum Mitmenschen und damit keine Lebensqualität möglich.

  Atmung, Ernährung, Kommunikation: Diese drei machen den Menschen zu einem vitalen Geschöpf, das Glied einer Gemeinschaft ist.

1. Menschsein heißt Bedürfnisse haben

Wir sind einander nah durch die Natur, aber sehr entfernt durch die Bildung.

KONFUZIUS

Die Bedürfnispyramide von Abraham Maslow

Welche Bedürfnisse haben wir als Menschen? Sind sie bei allen gleich? Vordergründig gesehen natürlich nicht – da sind wir Menschen ungeheuer verschieden. Deshalb ist es ja auch oft so schwer, einander zu verstehen und miteinander auszukommen. Aber letztlich verhält es sich wie bei den Pflanzen: So unterschiedlich sie aussehen, so verschieden die Wachstumsbedingungen oder die Früchte sein mögen – sie alle brauchen Wurzeln, Wasser, Licht und Luft, um zu gedeihen. Ähnlich ist es bei uns Menschen: Je mehr es ums »Grundsätzliche« geht, desto ähnlicher sind die Bedürfnisse.

Der amerikanische Psychologe Abraham Maslow veröffentlichte vor einigen Jahrzehnten ein Modell der »menschlichen Grundbedürfnisse«, das ich Ihnen im Folgenden kurz vorstellen möchte. Die Besonderheit dieses Modells liegt in der stufenförmigen Aufeinanderfolge der von ihm aufgelisteten Bedürfnisse. Stellen Sie sich also eine Pyramide vor. Welche Bedürfnisse würden Sie an der Basis ansiedeln? Maslow verankert hier den

- *Wunsch nach Befriedigung grundlegender körperlicher Bedürfnisse*: Nahrung, Wärme, Schlaf, Schmerzfreiheit.

Solange wir hungern, können wir an (fast) nichts anderes denken als daran, wie wir Nahrung bekommen. Das Gleiche gilt für Durst, der uns noch viel früher quält als der Hunger. Wer todmüde ist, ist für nichts mehr in seiner Umwelt wirklich aufnahmefähig – all sein Sinnen und Trachten ist nur noch darauf gerichtet, schlafen zu können. Auch starke Schmerzen bewirken, dass wir für nichts anderes mehr offen sind: Wer Schmerzen hat, der *ist* in gewisser Weise

Schmerz. Das ganze Menschsein, all unser Denken, Fühlen und Erleben, ist auf diesen einen Punkt reduziert: den Schmerzpunkt.

Anders gesagt: Ohne ein gewisses Maß an Pflege und Rücksicht, die wir unserem Körper zukommen lassen, kann er – und damit auch unser ganzer Mensch – weder existieren noch funktionieren.

Auf der nächsten Stufe der Pyramide folgt der

- *Wunsch nach Sicherheit.*

Kinder schlafen oft leichter auf dem Arm der Mutter oder sonst einer Bezugsperson ein, obwohl es im Bettchen sicher genauso warm und bequem wäre. Doch der Arm der Mutter verleiht ihnen das Gefühl der Sicherheit und Geborgenheit: »Er hat den Knaben wohl in dem Arm, er fasst ihn sicher, er hält ihn warm« heißt es im Gedicht »Der Erlkönig« von Johann Wolfgang von Goethe. Auch wir Erwachsenen sind Menschen, die eigentlich schnell in Angst zu versetzen sind – selbst wenn wir gelernt haben, nach außen Ruhe zu bewahren. Manchmal ist die Angst sehr hilfreich, weil sie uns in Bewegung setzt und uns vor Gefahren schützt, doch manchmal kann Angst auch geradezu gegenteilig wirken, indem sie uns lähmt.

Ich habe gelesen, dass in der Bibel nichts so häufig zum Menschen gesagt wie: »Fürchte dich nicht!«, und: »Habt keine Angst!« Das zeigt, wie anfällig wir Menschen für die Angst sind – weil wir bedürftige Wesen sind! Man kann im Grunde vor allem und um alles Angst haben – doch die elementarste Angst ist die Angst um sich selbst, sozusagen um Leib und Leben, und die Angst um Menschen, die man liebt.

Viele inzwischen alt gewordene Menschen erinnern sich noch lebhaft an ihre Ängste im Krieg, sei es im Luftschutzkeller, sei es auf der Flucht, sei es angesichts fremder Soldaten oder in sonst einer lebensbedrohlichen Situation. Die Angst, dieses elementare Gefühl der Unsicherheit, des Bedrohtseins oder der Schutzlosigkeit, hat sich in ihrem Gedächtnis unauslöschlich eingegraben, hat sie oft bis in ihre Träume verfolgt und auch zu viel späterem Leiden geführt. Wie viele in der Kriegszeit und zu Kriegsende noch nicht erwachsene Kinder und Jugendliche haben Entsetzliches miterlebt, das ihr Vertrauen ins Leben oder in fremde Menschen zutiefst erschüttert und für immer beeinträchtigt hat!

Ich denke an eine Frau, die zur Beratung zu mir kam und erzählte, wie schwer sie sich damit tue, auf Menschen vertrauensvoll zuzugehen. Sie sei einfach ein »sehr misstrauischer, ängstlicher Mensch«, meinte sie als Erklärung dafür, dass sie so wenig enge Freunde und Freundinnen hatte. Bald schon kamen wir im Gespräch auf ihre Kindheit zu sprechen, die in die Zeit des Kriegsendes und der Nachkriegswirren fiel. Viele Situationen von Angst und Unsicherheit waren ihr noch gegenwärtig – außerdem hatte sie eine Mutter, die ihr eigenes misstrauisch-distanziertes Denken und Fühlen ungeprüft an die Tochter weitergab. (»Verlass dich auf niemanden, nur auf dich selbst!« war einer ihrer mütterlichen Lehrsätze.) Das hat diese Frau geprägt.

Wie aber soll man vertrauensvoll und unbefangen Kontakte knüpfen, solange man sich unsicher fühlt und eher Angst und Abwehr gegenüber anderen Menschen empfindet? Man kann diese frühen Erfahrungen des eigenen Lebens nicht einfach ablegen wie ein zu eng oder unmodern gewordenes Kleid.

Doch auch in Friedenszeiten kann schnell eine Situation entstehen, in der wir uns in unserer Sicherheit bedroht fühlen. Wir wollen uns nicht von Woche zu Woche, von Monat zu Monat Sorgen machen müssen, wie wir über die Runden kommen, ob das Geld noch reicht und wie es zukünftig weitergehen soll. Angesichts der vielen Firmenschließungen und Entlassungswellen fühlen sich auch hierzulande viele Menschen nicht mehr sicher vor Kündigung oder Arbeitsplatzverlust. Dies bedeutet zwar keine so schwere Bedrohung wie die Angst um Leib und Leben, doch innere Anspannung und Unruhe sind dennoch damit verbunden.

Die dritte Stufe der Bedürfnispyramide ist bei Maslow der

- *Wunsch nach Zugehörigkeit und Gemeinschaft.*

Wir alle sind auf Gemeinschaft und Bindung an andere Menschen angelegt und nicht auf ein Einzelgängerdasein. Diese Veranlagung zeigt sich überraschend deutlich, wenn man beispielsweise junge Menschen nach ihren Zukunftswünschen und -plänen fragt: Für die große Mehrheit der Jugendlichen und jungen Erwachsenen rangiert der Wunsch nach einer befriedigenden Partnerschaft an erster Stelle – und nicht das Streben nach Karriere oder materiellem Reichtum. Zweisamkeit steht nach wie vor höher im Kurs als das Single-Leben – und das aus gutem Grund.

Einsamkeit hat nämlich, wie zahlreiche psychologische und medizinische Untersuchungen nachweisen, gravierende Auswirkungen: Einsame Menschen haben ein erhöhtes Risiko, an einer seelischen oder körperlichen Störung zu erkranken. Auch der Genesungsprozess bei Krankheiten verläuft schleppender, wenn der betroffene Mensch über keinerlei seelischen Rückhalt verfügt.

An nächsthöherer Stelle der Pyramide siedelt Maslow das

- *Grundbedürfnis nach Anerkennung und Liebe* an.

Was man von der Gesundheit nur eingeschränkt sagen kann (denn es gibt auch kranke oder behinderte Menschen, die glücklich sind), lässt sich von der Liebe uneingeschränkt behaupten: »Liebe ist nicht alles – aber ohne Liebe ist alles nichts!«

Wir alle kommen nicht als selbstbewusste Menschen auf die Welt. Selbstwertgefühl, Selbstachtung, Selbstvertrauen – das alles können wir nur erwerben, wenn uns andere Menschen mit Liebe, Einfühlung und Achtung begegnen und uns damit zeigen, dass wir liebens-wert sind. Ein afrikanisches Sprichwort bringt unsere Abhängigkeit von Liebe und Wertschätzung prägnant zum Ausdruck: »Das Wort, das dir hilft, kannst du dir nicht selber sagen.«

Und was steht am Ende der Pyramide? Was ist sozusagen die Spitze des Glücks? Maslow nennt es:

- *das Bedürfnis nach Selbstverwirklichung,* man könnte auch sagen: nach *Selbstentfaltung.*

Jeder Mensch kommt mit Gaben und Talenten, mit Neigungen und Interessen auf die Welt, die nur er in dieser einzigartigen Kombination in sich trägt. Wie ein Samenkorn das Bestreben hat zu keimen, damit das in ihm eingeschlossene kostbare Gut sich entfalten kann, so hat auch der Mensch den Wunsch, seine in ihm angelegten Gaben und Fähigkeiten zu entwickeln. Dies können künstlerische oder sportliche Talente sein, zwischenmenschliche Begabungen, die Neigung zu einem bestimmten Feld des Wissens oder einer praktischen Tätigkeit und vieles andere mehr. Die Entwicklung der eigenen Spiritualität gehört meines Erachtens ebenfalls zur Selbstverwirklichung, denn erst im Gegenübersein zu Gott können wir die Tiefe unseres Wesens zu Blüte und Reifung bringen und den tiefsten Sinn unserer Existenz finden.

Das Besondere an Maslows Modell ist die Annahme, dass der Mensch seine tiefer liegenden Bedürfnisse erst bis zu einem gewissen Grad (der natürlich individuell verschieden ist) befriedigen muss, bevor er sich den höher liegenden Bedürfnissen zuwendet.

Ich möchte diesen Gedanken an einem praktischen Beispiel deutlich machen, und zwar am Beispiel der heute in unserer Gesellschaft nahezu ausschließlich praktizierten Form der Heirat: der so genannten »Liebesheirat«. Eine Liebesheirat bedeutet, dass zwei Menschen sich aneinander binden, weil sie das Wesen, die Persönlichkeit und den Charakter des Partners so sehr schätzen, dass sie mit ihm ihr Leben teilen wollen. Diese Heiratsgründe sind nicht so selbstverständlich, wie viele Menschen denken – im Gegenteil. In zahlreichen Ländern dieser Erde ist es bis zum heutigen Tag üblich, dass die Eltern die Ehe arrangieren, und zwar oft unter ganz pragmatischen oder ökonomischen Gesichtspunkten (Entlastung des Elternhauses, Sicherheit, Versorgung). Auch in Deutschland wurden je nach sozialer Schicht bis Ende des 19. Jahrhunderts viele Ehen von den Eltern eingefädelt oder verhindert. Ja, noch vor ein, zwei Generationen kamen bei uns zahlreiche Heiraten nicht zustande, weil die Liebenden unterschiedlichen Konfessionen angehörten oder weil die soziale Schicht nicht übereinstimmte. Nicht selten heirateten Menschen einander auch nicht primär aus Liebe, sondern aus ganz praktischen Gründen, z. B. weil ein Witwer dringend eine Mutter für seine Kinder brauchte oder weil ein Bauer die Arbeit auf seinem Hof allein nicht bewältigen konnte. Man kann deshalb sagen: Die Heirat aus »reiner Liebe« konnte sich in unserer Gesellschaft erst zu einer Zeit durchsetzen, als soziale und konfessionelle Schranken sich lockerten und die wirtschaftliche Sicherung für die Frau nicht mehr im Vordergrund stand. Dies setzte voraus, dass

Frauen sich dank einer beruflichen Ausbildung auch selbst ernähren konnten und nicht mehr auf einen »Versorger« angewiesen waren.

In vielen Ländern dieser Welt sind Frauen von dieser Chancengleichheit nach wie vor weit entfernt, zumal wenn aus religiösen Gründen Widerstände und Barrieren gegen die Gleichberechtigung aufgebaut werden. Diese weitgehend rechtlosen Frauen können es sich gar nicht leisten, nach der »großen Liebe« Ausschau zu halten. Sie brauchen jemanden, der sie ernährt (körperliche Bedürfnisse) und beschützt (Sicherheit). Durch die Ehe haben sie die Chance auf Kinder sowie auf einen gewissen sozialen Status (Zugehörigkeit; soziale Anerkennung). Wenn sie Glück haben, entsteht zwischen ihnen und ihrem Ehepartner auch eine seelische Verbundenheit und sogar Liebe und Wertschätzung. Wenn sie dieses Glück nicht haben, werden sie behandelt wie ein Besitztum des Mannes – und womöglich auch wieder weggeschickt. An Liebe, Anerkennung oder gar Selbstentfaltung ist für sie dann nicht zu denken.

Dies ist nur *ein* Beispiel, wie die Sorge um die elementaren Bedürfnisse das Ideal eines glücklichen Lebens, eingebettet in Liebe, Anerkennung und Freiheit zur Selbstverwirklichung, häufig als fernen Traum am Horizont erscheinen ließ.

Ja, ich wage sogar zu sagen, dass die Mehrheit der Menschen zu allen Zeiten in erster Linie um ihr *Überleben* gekämpft hat. Die Sorge um das tägliche Brot, um Sicherheit und ein Dach über dem Kopf hat die Menschen fast völlig in Beschlag genommen. Sie hatten weder die Zeit noch die Kräfte noch die Mittel, darüber hinaus ihren eigenen Talenten und Neigungen oder gar der »Stimme ihres Herzens« in nennenswerter Weise zu folgen. Und man darf nicht vergessen, dass die meisten Menschen zu allen Zeiten nicht Freie waren, sondern Untertanen, die den Wünschen und der Willkür ihrer Obrigkeit bis zu einem gewissen Grad oft wehrlos ausgeliefert waren.

Was lässt sich daraus folgern? Erst wenn der Mensch nicht mehr Tag für Tag nur um sein Überleben und um seine Sicherheit kämpft, kann er seinen höheren Bedürfnissen »nach echter Gemeinschaft, nach Anerkennung, Liebe und Selbstentfaltung« Raum geben.

Allerdings: Ganz unterdrücken lassen sich diese Bedürfnisse auch in ärmsten Verhältnissen und unter schwierigsten Umständen nicht!

Wer die Geschichte aufmerksam studiert, auch die Kultur- und Religionsgeschichte, der wird mit Staunen feststellen: Zu allen Zeiten haben Menschen es auch unter widrigsten Lebensbedingungen und größten Entbehrungen geschafft, Kunst, Spiel, Ritual und Religion in ihrem Leben zu verwirklichen. Sie ließen sich nicht aufs bloße »Existieren und Funktionieren« reduzieren. Auch so genannte primitive Völker und äußerst einfach lebende Stammesgemeinschaften wollten und wollen mehr als nur überleben – sie wollen auch lieben, feiern, anbeten, genießen, singen, tanzen, sich schmükken, Schönes schaffen und bewundern, Ideale verwirklichen und vieles mehr. Ja, selbst in den Konzentrationslagern des Dritten Reiches, die ausdrücklich auf die Entwürdigung, ja Entmenschlichung der Gefangenen abzielten, gelang es vielen Einzelnen, sich bis zuletzt einen Rest an Würde zu bewahren – zum Beispiel durch das Teilen mit anderen, durch Mitmenschlichkeit, teilweise auch durch tiefe Religiosität.[1]

Hier noch einmal eine Zusammenstellung der menschlichen Grundbedürfnisse, diesmal von oben nach unten, beginnend mit den körperlichen Bedürfnissen:

1) Körperliche Bedürfnisse: Nahrung, Wärme, Schlaf (Sexualität, Zärtlichkeit, Schmerzfreiheit[2])
2) Bedürfnis nach Sicherheit – damit oft verbunden: Bedürfnis nach Geld und materiellen Gütern, weil sie Sicherheit versprechen
3) Bedürfnis nach Zugehörigkeit; Gemeinschaft; Nähe
4) Bedürfnis nach Anerkennung, Verständnis und Liebe – damit oft verbunden der Wunsch herauszuragen, beispielsweise durch besondere Leistungen, durch Reichtum oder besondere Stellung

[1] Besonders eindrücklich hat dies Viktor E. Frankl beschrieben, der selbst im KZ war und später die Logotherapie entwickelte.

[2] Die in Klammern gesetzten Bedürfnisse sind nicht notwendig, um zu überleben.

5) Bedürfnis nach Selbstverwirklichung – damit häufig verbunden der Wunsch, in der persönlichen Freiheit nicht eingeschränkt zu werden

Fazit: Abraham Maslow macht mit seinem Modell deutlich, dass wir Menschen uns in unseren Grundbedürfnissen sehr ähnlich sind. Doch die Art und Weise, wie ernst und wichtig wir diese Bedürfnisse nehmen und wie wir unsere Bedürfnisse zu befriedigen versuchen, sind von Mensch zu Mensch, von Familie zu Familie, von Kultur zu Kultur natürlich sehr verschieden.

Klar ist jedoch: All diese Bedürfnisse bilden die Beweggründe (Motive) dafür, dass der Mensch sich in Bewegung setzt. Seine Motive können ihn zu gutem, aber auch zu bösem Handeln animieren. Das ist so, weil wir Menschen im Normalfall so lange friedlich und freundlich, umgänglich und tolerant sind, wie sich unseren Zielen und Bedürfnissen niemand ernsthaft in den Weg stellt. Wir werden jedoch schnell ungehalten, intolerant, nervös oder aggressiv, wenn wir feststellen oder auch nur befürchten, dass der Befriedigung unserer Bedürfnisse Hindernisse oder Barrieren, Konkurrenten bzw. Rivalen drohen. Wir fürchten dann, dass das, was wir haben und schätzen, uns weggenommen werden könnte. Oder es macht uns zu schaffen, wenn ein anderer etwas bekommt, wonach wir ebenfalls intensiv streben. Oder wir haben Angst, dass unsere Bedürfnisse nicht in ausreichendem Maß befriedigt werden, weil ein anderer das gleiche Ziel anstrebt und auch von unserem »Kuchen« essen möchte.

Anders gesagt: Menschen werden immer dann sozusagen »gefährlich« füreinander, wenn sie befürchten, in irgendeiner Form zu kurz zu kommen. Dann neigen sie zu unsozialem und egoistischem Verhalten. So verständlich diese Angst in vielen Fällen auch sein mag: Sie verursacht viel Leid und hat oft schlimme Folgen für das menschliche Miteinander.

Dies wird in den folgenden Erzählungen der Bibel deutlich. *Finden Sie heraus, welches Bedürfnis bzw. welche Angst oder Sorge bei den handelnden Personen im Vordergrund stand und sie in ihrem Verhalten bestimmte.* Damit Sie die Geschichte gegebenenfalls genauer nachlesen können, habe ich die Bibelstelle angefügt. Meine Antworten finden Sie am Schluss der Beispiele.

Biblische Beispiele aus dem Alten Testament

▷ Adam und Eva bekamen im Paradies von Gott folgende Auflage: »Von allen Bäumen dürft ihr essen, aber von dem Baum der Erkenntnis des Guten und Bösen sollt ihr nicht essen ...« (1. Mose 2,16-17). Als die Schlange sie auf diese Beschränkung hinwies und ihnen prophezeite, dass sie nach dem Essen der verbotenen Frucht nicht sterben würden, sondern »sein werden wie Gott und wissen, was gut und böse ist« (1. Mose 3,5), da übertraten Adam und Eva das göttliche Gebot und aßen von dem Baum.
Welches Bedürfnis oder welche Angst trieb sie an?

▷ Kain und Abel, ihre Söhne, brachten beide Gott ein Opfer, doch aus unbekannten Gründen verschmähte Gott das Opfer des Kain. Diese Zurücksetzung gegenüber dem Bruder versetzte Kain in Zorn, und er brachte seinen Bruder heimtückisch um (1. Mose 4,1-8).
Welches Bedürfnis oder welche Angst trieb ihn an?

▷ Abraham weilte mit seiner Frau Sara zu Gast beim Pharao in Ägypten und fürchtete, dass seine Frau aufgrund ihrer Schönheit das Begehren des Pharaos wecken könnte. Er stiftete Sara deshalb dazu an, sich als seine Schwester auszugeben, so dass der Pharao sie zu sich nehmen konnte, ohne zuvor den Ehemann »ausschalten« zu müssen (1. Mose 12,10-20).
Welches Bedürfnis oder welche Angst trieb Abraham an?

▷ Als Abraham mit seiner Frau den lang ersehnten Sohn Isaak bekam, hatte er schon einen Sohn namens Ismael von Hagar, der

Leibmagd Saras. Sara entwickelte bald schon die Befürchtung, dass ihr Sohn durch die Existenz des Halbbruders Ismael Nachteile haben könnte. Sie wies Abraham an, Hagar mit ihrem Kind im wahrsten Sinn des Wortes in die Wüste zu schicken (1. Mose 21,8-11).
Welches Bedürfnis bzw. welche Sorge trieb Sara an?

▷ König David hatte zwar schon einige Frauen, doch konnte er der Versuchung nicht widerstehen, mit der schönen Bathseba zu schlafen, die er von seinem Dach aus im Nachbarhof baden sah. Ihr Mann kämpfte zu dieser Zeit im Feld für König David. Als sie David bald darauf mitteilen ließ, dass sie von ihm schwanger sei, versuchte David zunächst, den Ehebruch zu vertuschen. Als dies nicht gelang, ließ er Bathsebas Mann an vorderste Front stellen, so dass er im Kampf den Tod fand. Dann heiratete David Bathseba (2. Samuel 11).
Hier sind es gleich mehrere Bedürfnisse bzw. Ängste in Folge, von denen David in seinem Verhalten getrieben war.

Biblische Beispiele aus dem Neuen Testament

Auch im Neuen Testament herrscht keine heilere Welt, obwohl die Menschheit – und hier speziell das Volk Israel – inzwischen viele Jahrhunderte des Lernens hinter sich hatte, in denen sie sich weiterentwickeln konnte. Doch die Grundbedürfnisse des Menschen ändern sich nicht!

▷ Zum engsten Kreis der Jünger Jesu gehörte das Brüderpaar Jakobus und Johannes. Ihre Mutter bat eines Tages Jesus, ihren Söhnen sozusagen die besten Plätze in seinem zukünftigen Reich zu reservieren: Sie sollten zur Linken und Rechten Jesu sitzen. Prompt reagierten die anderen Jünger mit Verärgerung (Matthäus 20,20-26).
Was trieb die Mutter, was trieb die anderen Jünger an?

▷ Als Jesus bei den beiden Schwestern Maria und Martha zu Gast war, bereitete Martha (mit großer Sicherheit die ältere der beiden Frauen) pflichtschuldig das Essen vor, während Maria sich zu Jesu Füßen setzte, um ihm zuzuhören. Martha ärgerte sich darüber und bat Jesus, Maria zu ihr in die Küche zu schicken (Lukas 10,38-42).[3]
Welches Bedürfnis oder welche Sorge trieb Martha – und welches Bedürfnis bewegte Maria zu ihrem Verhalten?

▷ Petrus kündigte Jesus an, ihn unter keinen Umständen zu verlassen. Als wenige Zeit später Jesus verhaftet wurde, folgte Petrus ihm unauffällig in den Hof des Hohenpriesters, wo Jesus verhört werden sollte. Doch als einige der Umstehenden Petrus ansprachen und als Anhänger Jesu erkannten, leugnete Petrus binnen weniger Stunden dreimal, Jesus zu kennen (Lukas 22,54-62).
Welche Angst bzw. welche Bedürfnisse sprechen aus der Ankündigung des Petrus, welche aus seinem späteren Verhalten?

Wichtig ist, dass wir uns bei der Lektüre dieser Erzählungen eines vergegenwärtigen: *Es gehört zum Wesen unseres Menschseins, dass wir Bedürfnisse haben und von ihnen angetrieben werden. Ebenso gehört es zu unserem Wesen, dass uns die Beweggründe unseres Verhaltens (»was uns antreibt«) häufig nicht bewusst sind, vor allem nicht in der aktuellen Situation. Leider haben wir häufig nicht gelernt, unsere Bedürfnisse zu benennen. Deshalb erkennen wir auch oft die Ursachen bzw. Auslöser für unsere Gefühle nicht.*

Wir sind stattdessen so beherrscht von unseren Gefühlen und Wünschen (Neid, Angst, Gier, Ehrgeiz, Wut etc.), dass wir keinerlei oder nur sehr wenig Verhaltensspielraum haben und wie von einem Sturmwind getrieben nur in eine Richtung denken und handeln können.

[3] Zu dieser Geschichte siehe auch unten S. 126

Besonders deutlich wird das in der oben geschilderten Erzählung über Petrus (Lukas 22). Trotz seiner sicher aufrichtig gemeinten Ankündigung, Jesus nicht zu verlassen, und trotz Jesu ebenso aufrichtiger Antwort, dass Petrus ihn dreimal verleugnen werde, war er in der gefährlichen Situation nach Jesu Verhaftung nicht mehr in der Lage, an Jesu Worte zu denken. Dies geschah erst *nach* dem dritten Leugnen, als der Hahn krähte. Erst in diesem Moment wurde Petrus klar, was er getan hatte – »und er ging hinaus und weinte bitterlich«. Man fragt sich angesichts dieses Versagens des Petrus unwillkürlich: War er denn von allen guten Geistern verlassen, sich so feige und kopflos zu verhalten?

An dieser Stelle ist es hilfreich, das hebräische Wort für »Geist« zu betrachten. Das Wort »ruach« bedeutet eigentlich »Wind, Atem, Bewegtes und Bewegendes«. Damit wird deutlich: Der Geist ist eine Energie, die uns in Bewegung setzt (vgl. auch das deutsche Wort »be-geistert«). Er ist die Kraft, die uns antreibt, wenn wir unsere Bedürfnisse erfüllen wollen oder uns Sorgen machen. Der Geist – unser Geist oder Gottes Geist – ist auch die Energie, die unser Tun und Denken in eine bestimmte Richtung treibt.

Es gibt eine kurze, aber aufschlussreiche Episode im Lukasevangelium, die diese (Antriebs-)Kraft des Geistes deutlich macht. Auf seinem Weg von Galiläa im Norden Israels nach Jerusalem im Süden kam Jesus mit seinen Jüngern in die Nähe eines Dorfes der Samaritaner, die in Feindschaft mit den Juden lebten. Sie waren deshalb nicht bereit, Jesus und seine Schar aufzunehmen, worauf die Jünger vorschlugen, dass Jesus zur Strafe Feuer vom Himmel auf dieses Dorf fallen lassen solle. »Daraufhin wandte Jesus sich um, fuhr sie an und sprach: Wisst ihr nicht, welches Geistes Kinder ihr seid? Des Menschen Sohn ist nicht gekommen, das Leben der Menschen zu verderben, sondern es zu erhalten« (Lukas 9,55-56). Mit seiner scharfen Frage – »welches Geistes Kinder ihr seid« – fordert Jesus die Jünger auf, *das Motiv, den Beweggrund,* ihres eigenen Denkens und Handelns zu erkennen – nämlich in diesem Fall den Wunsch nach Rache und Bestrafung.

Es zeigt den Wirklichkeitssinn der biblischen Verfasser, dass sie die Menschen, ob fromm oder gottlos, als Geschöpfe zeigen, die in ihrem Denken und Handeln von starken inneren Antreibern beherrscht werden.

Fazit: Auch Menschen, die den aufrichtigen Willen haben, in Verbundenheit mit Gott zu leben, können unversehens und ohne dass es ihnen bewusst ist, Opfer ihrer inneren Antreiber werden.

Antworten zu der Frage: Von welchem Bedürfnis bzw. welcher Angst waren die handelnden Personen in den biblischen Geschichten bestimmt?

Altes Testament

▷ Adam und Eva hatten letzten Endes Angst, in ihrer *Selbstentfaltung/Selbstverwirklichung* behindert oder eingeschränkt zu werden, wenn sie sich der von Gott gezogenen Grenze unterwarfen.

▷ Kain wurde durch die Ablehnung seines Opfers in seinem *Bedürfnis nach Anerkennung* verletzt. Da seinem Bruder diese Anerkennung zuteil wurde, bekam Kain *Angst, zurückgesetzt zu werden*. Daraus erwuchsen Neid und Zorn gegenüber seinem Bruder.

▷ Abraham sah sich durch das mögliche Verlangen des Pharaos nach seiner Frau Sara in seinem *Bedürfnis nach Sicherheit* für Leib und Leben bedroht.

▷ Sara sah in ihrer Magd Hagar eine Konkurrentin, da Hagar Abraham ebenfalls einen Sohn geboren hatte, was gewisse Rechte für sie als Magd mit sich brachte. Diese Konkurrentin wollte sie ausschalten. Außerdem sah Sara in Ismael, dem Sohn Hagars, einen Rivalen ihres eigenen Sohnes Isaak. Ihr mütterlicher Wunsch, den eigenen Sohn zum alleinigen Erben des väterlichen Besitzes zu machen, hat letztlich seinen Ursprung in dem *Bedürfnis nach (ungeteilter) Liebe und Anerkennung* für sich und ihr Kind sowie in der *Sorge um dessen materiellen Vorteil* (was mit Sicherheit und sozialem Ansehen verbunden war).

▷ Zunächst war David von *sexueller Begierde* getrieben. Nachdem er von der Schwangerschaft erfahren hatte, erfasste ihn die *Angst vor dem Verlust von Ansehen und Macht*, falls sein Ehebruch ans Tageslicht käme. Getrieben von dem *Bedürfnis, sein Ansehen und seine Macht nicht zu verlieren,* wollte er die Angelegenheit vertuschen. Er beorderte zu diesem Zweck Bathsebas Gatten schleunigst in den Heimaturlaub, doch dieser weigerte sich aus Solidarität mit seiner kämpfenden Truppe, bei seiner Frau zu schlafen. Dadurch ging Davids Rechnung nicht auf, ihm die Schwangerschaft Bathsebas unterzuschieben. Er kam unter Druck und musste schnell handeln, wollte er nicht als Ehebrecher entlarvt werden.

Neues Testament

- ▷ Die Mutter von Jakobus und Johannes war von dem Bedürfnis getrieben, *herauszuragen und geehrt zu werden.* Vom Glanz und Ehrenplatz ihrer Söhne fiel, so ihre Hoffnung, auch etwas für sie als Mutter ab. Die Jünger ihrerseits sahen sich in ihrem eigenen *Wunsch nach Liebe und Anerkennung* bedroht, wenn Jesus zwei aus ihrer Mitte sozusagen bevorzugte.
- ▷ Martha empörte sich, oberflächlich betrachtet, über die fehlende Solidarität ihrer Schwester mit ihr – Maria ließ Martha alleine arbeiten. Die tiefere Triebfeder für Marthas Ärger war jedoch das *Bedürfnis nach Selbstentfaltung,* das Martha genauso wie Maria in sich spürte. Doch im Gegensatz zu Maria wagte Martha es nicht, diesem Bedürfnis Raum zu geben und aus ihrer Rolle als »dienender Hausfrau« auszubrechen. Die Freiheit, die Maria sich nahm, indem sie – wie die Männer – Jesus zuhörte, weckte den Neid der Martha, verbunden mit der *Angst, zu kurz zu kommen.* Letzten Endes missgönnte Martha ihrer Schwester die Möglichkeit der Selbstentfaltung und das Zusammensein mit Jesus.
- ▷ Petrus zeigt sich in den Evangelien immer wieder als ein Mann, der von einem intensiven *Bedürfnis nach Gemeinschaft* mit Jesus, aber auch von dem starken *Wunsch herauszuragen* angetrieben ist. Als Jesus verhaftet wurde und Petrus in Gefahr kam, ebenfalls festgenommen zu werden, vergaß Petrus alle »guten Vorsätze«, denn das tiefer liegende *Bedürfnis nach Sicherheit* brach sich Bahn. Aus Angst um sein Leben wurde Petrus zum Lügner.

2. Lebensqualität ist Beziehungsqualität

Freude lässt sich nur voll auskosten, wenn sich ein anderer mitfreut.

MARK TWAIN

Das Beziehungsnetz, in dem wir leben

Wenn Sie sich die von Abraham Maslow dargestellten Grundbedürfnisse vor Augen führen, so fällt Ihnen möglicherweise auf: Alle diese Bedürfnisse (mit Ausnahme der fundamentalen körperlichen Bedürfnisse nach Nahrung, Wärme, Schlaf und Schmerzfreiheit) sind letzten Endes nicht ohne ein menschliches Gegenüber zu befriedigen. Ja, ich behaupte sogar: In ihrer ganzen Tiefe können diese Bedürfnisse ohne ein göttliches Gegenüber nur unzureichend gestillt werden.[4]

Schauen wir uns die Grundbedürfnisse noch einmal an:

- Sicherheit: Um mich sicher zu fühlen, muss ich, abgesehen von materieller Vorsorge, anderen Menschen sowie Gott vertrauen und bei ihnen so etwas wie Akzeptanz, Rückhalt und Geborgenheit erfahren.
- Zugehörigkeit und Gemeinschaft: Um mich nicht einsam und isoliert zu fühlen, brauche ich ein menschliches (und göttliches) Gegenüber.
- Liebe und Anerkennung: Um mich geliebt und anerkannt zu fühlen, bin ich auf die Einfühlung und die positive Resonanz meiner Mitmenschen – und auf die Resonanz Gottes – angewiesen. Selbstannahme ist wichtig, aber sie allein genügt nicht.

[4] Vgl. den wunderschönen Psalmvers, der diesen umfassenden Seelenfrieden zum Ausdruck bringt: »Wie ein gestilltes Kind, das bei seiner Mutter schläft, wie ein gesättigtes Kind, so ist meine Seele still in mir. Es ist gut für alle, die dem Herrn gehören, ihm zugewandt zu sein« (Psalm 131,2f.; nach der Übersetzung von Jörg Zink).

- Selbstentfaltung und Selbstverwirklichung: Um mich entfalten und selbstverwirklichen zu können, bedarf ich der Unterstützung und Resonanz einiger Menschen, die an meinem Leben und Streben Anteil nehmen und mich in meiner Entwicklung fördern. Ebenso brauche ich die Begleitung Gottes.

Wir können also schließen: Unsere grundlegenden Bedürfnisse werden am ehesten und am besten in menschlichen Beziehungen und darüber hinaus in der Beziehung zu Gott befriedigt. Diese Beziehungen können verschiedene Grade an Intensität und Intimität haben. Unser Leben spielt sich, vergleichbar einem ins Wasser geworfenen Stein, in konzentrischen, von innen nach außen größer werdenden Kreisen ab:

- Den innersten Kreis bilden Sie selbst zusammen mit Ihrer Herkunftsfamilie (Eltern, Großeltern, Geschwister) sowie, falls vorhanden, Ihrer eigenen Familie (Partner und/oder Kinder/Enkel).
- Der nächstinnere Kreis wird von Ihren engen Verwandten, Freunden und Freundinnen gebildet, mit denen Sie ein Stück Ihres Lebens teilen.
- Der übernächste Kreis wird von den Nachbarn, Bekannten, evtl. ferneren Verwandten, Kollegen, Mitstreitern in Ehrenämtern oder bei sonstigen Aktivitäten usw. gefüllt.
- Auf diesen Kreis folgt das weitere Umfeld – Menschen, mit denen man im gleichen Verein ist, in der gleichen Firma arbeitet oder im gleichen Dorf bzw. der gleichen Straße wohnt.
- Den äußersten Kreis schließlich bildet die mehr oder weniger anonyme Masse der Mitmenschen – landesweit, europaweit, weltweit.

Je näher zur Mitte ein Mensch in Ihrem Leben platziert ist, desto umfassender und tiefer kann er eines oder mehrere Ihrer Bedürfnisse befriedigen. Deshalb sind die Menschen in der Mitte unseres Lebens oder nahe dieser Mitte auch für uns am bedeutsamsten. Ihr Verlust reißt die größte Lücke. Sie tragen so viel und so Entscheidendes zu unserer Lebensqualität bei, sie nehmen einen so wichtigen Platz darin ein, dass ihr Weggehen oder ihr Tod uns bis ins Mark erschüttert und spürbar ärmer macht.

Ich möchte dies deutlich machen anhand des Vergleichs von zwei Menschen, die beide auf sehr unterschiedliche Weise zu Ihrem Leben gehören: der guten Freundin auf der einen und dem Friseur (oder der Kosmetikerin oder ...), bei dem Sie hin und wieder Kundin sind, auf der anderen Seite.

Der Friseur verrichtet eine Dienstleistung an Ihnen (schöne Frisur, ordentlich geschnittene Haare), die weitgehend Ihrem Bedürfnis nach sozialer Anerkennung, aber auch nach Selbstentfaltung dient (den eigenen Typ zur Wirkung bringen, schön und gepflegt aussehen). Denn: Wer sein Äußeres vernachlässigt und ungepflegt wirkt, rückt in unserer Gesellschaft schnell ins Abseits und riskiert den Verlust von Ansehen und Zugehörigkeit zur Gemeinschaft. Über die Dienstleistung des Haarschnitts hinaus können Sie sich vielleicht mit Ihrem Friseur nebenher gut über allerlei Belangloses unterhalten. Falls der Friseur die Arbeitsstelle wechseln sollte, wird Sie das wohl nicht besonders betroffen machen, denn ein Kollege wird ihn ersetzen – zu dem natürlich erst einmal Vertrauen aufgebaut werden muss.

Im Vergleich dazu nun die Freundin: Sie ist ein Mensch, den Sie sehr gut, vielleicht auch schon sehr lange kennen und der mit Ihnen »durch dick und dünn« geht. Sie ist für Sie da, wenn Sie sie brauchen (Erfüllung des Bedürfnisses nach Sicherheit). Sie gibt Ihnen die Gewissheit, nicht einsam zu sein (Bedürfnis nach Gemeinschaft). Sie zeigt und sagt Ihnen, dass sie Sie schätzt und an Ihnen aufrichtiges Interesse hat (Bedürfnis nach Liebe und Anerkennung). Nicht zuletzt können Sie sich im Gespräch, aber auch einfach im Zusammensein mit Ihrer Freundin rundum entfalten; ja, Sie können sogar Seiten an sich entdecken oder entwickeln, die Sie ohne die Resonanz, Ermutigung und Unterstützung Ihrer Freundin weder erkannt noch entfaltet hätten (Bedürfnis nach Selbstverwirklichung und Selbstentfaltung). Der Verlust Ihrer Freundin würde in Ihr Leben tief hineinwirken; dieser Mensch wäre nicht leicht – wenn überhaupt – zu ersetzen.

Allerdings machen ledige Frauen immer wieder folgende Erfahrung (bei Männern wird es umgekehrt nicht anders sein): Sobald ein Mann ins Leben einer Freundin tritt, geht diese ihr zwar nicht verloren, aber sie wendet sich mit ihrer Zeit und Aufmerksamkeit mehr dem Mann zu und richtet ihr Leben in erster Linie nach ihm aus. Warum ist das so, obwohl die Beziehung zur Freundin doch schon viel länger besteht? Antwort: Weil der Mann nicht nur einen großen Teil der Bedürfnisse abdecken kann, für die bisher die Freundin zuständig war (Sicherheit, Gemeinschaft, Liebe, Selbstentfaltung), sondern darüber hinaus auch ein Bedürfnis befriedigt, das in einer gleichgeschlechtlichen Freundschaft bei heterosexuell veranlagten Menschen zwangsläufig nicht gestillt werden kann: das Bedürfnis nach körperlicher Nähe, Zärtlichkeit, Sexualität und damit das Bedürfnis nach Anerkennung der eigenen Weiblichkeit, die ja ein Teil unserer Identität ist.

Vielleicht werden Sie jetzt sagen: »Ich benutze meine Freundin doch nicht zur Befriedigung meiner Bedürfnisse!!« Doch, das tun Sie, das tun wir alle, ob es uns bewusst ist oder nicht. Und die Freundin tut es auch! Es ist völlig in Ordnung, Bedürfnisse zu haben und sich darum zu kümmern, wie diese befriedigt werden könnten – ja, es ist sogar eine der wichtigsten Aufgaben im Leben, dies zu lernen. Genauer gesagt: Es ist völlig in Ordnung und so lange kein Problem, wie jeder der Beteiligten auf seine Bedürfnisse achtet – aber auch auf die des anderen. Es ist so lange in Ordnung, wie jeder nimmt – *aber auch jeder gibt.* Denn alle Beziehungen, die unser Leben bereichern (und nicht nur belasten), leben von einem wenigstens annähernden Gleichgewicht von Geben und Nehmen: Ich gebe dir etwas, was *du* dir nicht selbst geben kannst, und ich bekomme von dir etwas, was *ich* mir nicht selbst geben kann.

Wir schätzen und lieben Menschen, die in irgendeiner Weise Bedürfnisse unserer Seele befriedigen. Und je mehr die Menschen, die wir kennen und lieben, zu dieser Befriedigung beitragen, desto wichtiger sind sie für uns, desto höher ist die Qualität unserer Beziehung zu ihnen, desto höher ist dadurch auch unsere Lebensqualität.

Es ist keine Frage der Menge oder Anzahl – man kann viele Menschen kennen, ohne in diesen Kontakten so etwas wie »Nahrung für Herz und Seele« zu bekommen. Solche Beziehungen bleiben an der Oberfläche und unverbindlich; wirkliche Nähe und tiefes Vertrauen können weder entstehen noch wachsen. Es bleibt in solchen Verbindungen – bei aller äußerlichen Gemeinsamkeit – das Gefühl innerer Einsamkeit. Es fehlt die Möglichkeit, vertrauensvoll aus sich herauszugehen, auf einen anderen Menschen zuzugehen und sich in diesem Prozess weiterzuentwickeln.

Es ist keine Frage der Quantität, es ist auch keine Frage des materiellen Wohlstands. Menschen können durchaus bescheiden und einfach leben und doch intensive, liebevolle Verbindungen zu ihren Familienangehörigen, Verwandten oder Freunden, zu Nachbarn oder zu Gemeindemitgliedern pflegen. Diese Menschen sind glücklich und zufrieden, denn ihre Bindungen geben ihnen das Gefühl, nicht einsam, überflüssig oder unwichtig zu sein. Sie fühlen sich in ihrer Persönlichkeit und ihren Gaben geschätzt. Ihre Freunde oder Familienangehörigen schenken ihnen möglicherweise Bewunderung, Dankbarkeit, Interesse, Vertrauen und teilen vieles mit ihnen. Selbst wenn solche Menschen allein leben, wissen sie dennoch: Ich gehöre zu einem Netz von liebevollen Verbindungen.

Probleme in Beziehungen

Allerdings gibt es Gefahren, die jeder guten Beziehung drohen:

- Einer der Beziehungspartner (es können auch beide sein) ist mehr auf seinen eigenen Gewinn oder Vorteil bedacht als auf den Gewinn oder Vorteil des/der anderen.
- Einer der Beziehungspartner hält auch dann noch an der Bezie-

hung fest, wenn diese ihn nicht mehr bereichert, sondern überwiegend belastet.

Wenn wir uns die Gründe anschauen, weshalb Freundschaften oder Partnerschaften zerbrechen und weshalb auch Familien häufig in unversöhnliche Konflikte geraten, so spielt fast immer der übermäßige, bewusste oder unbewusste Eigennutz eines oder aller Beteiligten die entscheidende Rolle. Statt der Ausgewogenheit von Geben und Nehmen, die gute Beziehungen kennzeichnet, dominiert die Selbstsucht, die für sich selbst mehr bekommen möchte, als sie ihrerseits dem anderen zugesteht oder zu geben bereit ist. Das Verlangen nach Befriedigung eigener Bedürfnisse hat kein Gegengewicht mehr (»Ich möchte auch, dass es dir gut geht und du zu deinem Recht kommst«), sondern wird zu einer Kraft, die alles andere in den Hintergrund drängt. Dabei übersieht der Egoist allerdings, dass er langfristig für sein selbstsüchtiges Verhalten genau das erntet, was er vermeiden möchte, nämlich Isolation, Ablehnung, Sinnleere. Denn wer seine eigenen Bedürfnisse immer auf Kosten anderer Menschen befriedigt, zerstört über kurz oder lang sämtliche Beziehungen, in denen er lebt.

Ich möchte diese zerstörerische Kraft der übermäßigen Selbstsucht anhand mehrerer Beispiele aus meiner eigenen Erfahrung deutlich machen.

- ▷ Beispiel Partnerschaft: Ein Partner verletzt den anderen durch sein Verhalten (z. B. Seitensprung) und reagiert auf dessen Bitte, darüber zu reden oder dieses Verhalten zu unterlassen, mit der Antwort: »Wenn du damit nicht klarkommst, ist das dein Problem!« Mit dieser Antwort wird deutlich: »Dein Wohl ist für mich nicht so wichtig wie mein Wohl. Ich bin nicht bereit, um deinetwillen auf etwas zu verzichten, was mir Spaß macht.« Mit dieser egoistischen Haltung wird die Grundlage jeder glücklichen Partnerschaft zerstört.
- ▷ Beispiel Erbengemeinschaft: Ein bis dahin harmonischer Geschwisterkreis zerbricht, weil ein Mitglied sich nach dem Tod der

Eltern auf Kosten der anderen ganz offensichtlich unrechtmäßig am Erbe »bedient« hat. Auf die Vorhaltungen der anderen, dies sei nicht gerecht und auch nicht angemessen, geht dieses Mitglied nicht ein, da ihm sein eigener materieller Vorteil wichtiger ist als das gute Einvernehmen mit den Geschwistern.

▷ Beispiel Freundschaft: Die Freundin einer verheirateten Frau verliebt sich eines Tages in deren Ehemann. Anstatt um der Freundin willen auf eine Affäre zu verzichten und sich von dem Ehemann fern zu halten, zählt für sie nur die eigene Bedürfnisbefriedigung: Sie zerstört die Ehe der Freundin, um den Mann für sich zu bekommen.

▷ Beispiel Nachbarschaft: Zwei Familien leben in gutem Einvernehmen, ihre Grundstücke gehen zaunlos ineinander über. Eines Tages kauft eine der beiden Familien einen Hund, der dauernd das Nachbargrundstück betritt. Auf die Bitte der Nachbarn, doch einen Zaun zu ziehen, gehen die Hundebesitzer nicht ein. Sie missachten deren Anliegen nach einem »hundefreien Grundstück« – es kommt zum Zerbruch der Freundschaft, weil die Nachbarn schließlich mit juristischen Schritten drohen müssen.

Wo der Wunsch, die eigenen Interessen durchzusetzen, im Mittelpunkt des Denkens steht, sind auf die Dauer alle guten Beziehungen in Gefahr, zu zerbrechen oder sich zu einem einseitig-ausbeuterischen Verhältnis zu entwickeln.

Ein anderes Problem ist die Bereitschaft vieler Menschen, auch dann noch in Beziehungen auszuharren, wenn sie schon lange spüren, dass sie nicht mehr auch die Nehmenden, sondern überwiegend nur noch die Gebenden sind. Dafür lassen sich mehrere mögliche Gründe anführen:

▷ Angst vor Einsamkeit (lieber eine ausbeuterische Beziehung als gar keine);

▷ Angst vor Verlust von Sicherheit und Zugehörigkeit (Wer bin ich, auf mich allein gestellt? Wie werde ich damit fertig?):

- ▷ Angst vor der Reaktion des Beziehungspartners auf den Abschied;
- ▷ Angst vor der Reaktion der Umwelt.

Fazit: Unsere Beziehungen wurzeln zwar darin, dass wir durch sie unsere geistigen und emotionalen Bedürfnisse befriedigen, doch sie können längerfristig nicht funktionieren und tragfähig sein, wenn es in ihnen *nur* um Bedürfnisbefriedigung geht.

3. Liebe ist mehr als ein Gefühl

Einen Menschen lieben heißt: ihn so sehen, wie ihn Gott gemeint hat.

FJODOR M. DOSTOJEWSKI

Warum Gefühle allein nicht genügen

Bedürfnisse treiben uns an, haben wir festgestellt. Um sie zu befriedigen, brauchen wir andere Menschen. In guten Beziehungen geben die Partner einander viel und bekommen viel voneinander. Sie schenken sich gegenseitig nichts Materielles (zumindest nicht in erster Linie), sondern Nahrung für Geist und Gefühl – kurz: für die Seele. Dabei liegen die Gaben oft auf ganz unterschiedlichen Ebenen. Ein kranker Mensch, ein kleines oder behindertes Kind können demjenigen, der sie liebt und versorgt, unter Umständen keinerlei adäquate »Gegenleistung« bieten. Sie können nur Liebe, Freude, Dankbarkeit und Wertschätzung zurückgeben. Doch was heißt hier »nur«? Diese Liebe und Wertschätzung, diese Freude oder Dankbarkeit können für den Fürsorgenden ein großes Geschenk sein, das sein Leben bereichert, ihm Sinn und Inhalt gibt.

Sehr schön kommt diese »andere Ebene« des Zurückgebens in folgender Anekdote zum Ausdruck: Ein Lehrer fragt die Grundschüler, weshalb es auch behinderte Kinder gäbe. Ein Kind, das selbst ein behindertes Geschwister hat, meldet sich und sagt: »Es gibt sie, damit man sie lieb haben kann!«

»... damit man sie lieb haben kann« – darum geht es. Es muss in jeder Art von Beziehung ein Anteil Selbstlosigkeit mitschwingen, sonst wird die Verbindung zum bloßen Tauschhandel nach dem Motto: »Ich gebe, damit du mir gibst.« Die Selbstlosigkeit fragt nicht sofort: »Was habe ich davon? Wo ist mein Gewinn?«, sondern fragt zunächst: »Was brauchst du? Was tut dir gut? Was dient deinem Leben?«

Eine solche Haltung setzt voraus, dass ich meine eigene Bedürfnisorientierung zumindest für einige Zeit in den Hintergrund stelle, um für den anderen da zu sein. Oder positiv ausgedrückt: Eine Haltung der Liebe setzt die Erkenntnis voraus, dass es auch *mein* Leben bereichert, wenn ich danach frage, was dem Leben und dem Glück eines anderen dient.

Ein Beispiel: Eine junge Frau erzählte mir, sie hätte kurz nach der Hochzeit einen stark entstellenden Hautausschlag im Gesicht bekommen. Ihr Arzt versicherte ihr und ihrem Mann, dass der Ausschlag nicht ansteckend sei. Dennoch mied ihr Mann aus Angst vor Ansteckung jeden Körperkontakt mit ihr. Als sie ihm sagte, wie wichtig es für sie wäre, gerade in dieser Situation eine tröstende Umarmung von ihm zu bekommen, lehnte er diese Bitte ab mit der Begründung: »Du weißt, wie wichtig für mich das Aussehen ist!« – Dieser Mann hat sich gleich in doppelter Weise seiner Frau gegenüber extrem egoistisch verhalten: Zum einen war ihm die eigene Unversehrtheit trotz Entwarnung des Arztes wichtiger als die Bitte seiner Frau um körperliche Nähe; zum anderen machte er ihr deutlich, dass er sich zu ihr als vorübergehend etwas entstellt aussehender Frau nicht hingezogen fühlte. Eine solche Beziehung kann auf die Dauer weder stabil noch glücklich sein. Sie muss spätestens in dem Moment zerbrechen, in dem vom egoistischen Partner ein Verzicht notwendig wäre, den er nicht leisten möchte, so dass er stattdessen lieber aus der Beziehung ausbricht (wie es in diesem Fall auch geschah).

Was geschieht mit solchen Menschen – Menschen, die offensichtlich nicht gelernt haben, um anderer Menschen willen sich selbst und die eigenen Wünsche zurückzunehmen? Menschen, die infolgedessen nicht in der Lage sind, in einer Verbindung Rücksichtnahme, Einfühlung, Zuverlässigkeit, Treue, Hilfsbereitschaft und Fürsorge etc. zu praktizieren?

Sie werden lebenslang unfähig sein bzw. sich scheuen, eine verbindliche Beziehung über einen längeren Zeitraum mit Höhen und Tiefen, mit schönen und schwierigen Zeiten durchzuhalten. Sie werden, getrieben von der Sorge um sich selbst und das eigene

Glück, entweder ihrem Partner untreu sein oder von einer Beziehung zur anderen irren, immer auf der Suche nach Menschen, die sie für ihre Zwecke benutzen können, ohne allzu viel dafür (zurück-) geben zu müssen. Sie werden dabei viel Leid und Zerstörung anrichten, weil sie Menschen tief verletzen und enttäuschen können. Ihre Sorge um sich selbst, den eigenen Vorteil und das eigene Wohlergehen führt dazu, dass sie anderen Menschen emotional nur wenig zu geben haben, denn der Hauptteil ihrer Energie wird im unablässigen Kreisen um die eigene Person verbraucht.

Narzissmus – gefangen im Kreisen um sich selbst

Eine Frage an Sie, lieber Leser, liebe Leserin: Sind Menschen, wie ich sie eben beschrieben habe, Ihrer Meinung oder Erfahrung nach in heutiger Zeit eher selten oder eher häufig anzutreffen?

Folgt man Büchern und wissenschaftlichen Publikationen, so ist dieser Typus von Mensch auf dem Vormarsch. Das Auffallende an ihm ist nicht, dass er Bedürfnisse hat, die er gerne befriedigen möchte – das wollen wir alle. Das Besondere an ihm ist vielmehr, dass es für ihn im Grunde *nichts Wichtigeres, keinen höheren Wert,* gibt als die eigene Bedürfnisbefriedigung. Der psychologische Fachausdruck für das Wesen solcher Menschen lautet: Narzissmus. Dieser Begriff leitet sich aus einer griechischen Sage ab: Der Jüngling Narziss sah eines Tages in einem Teich, aus dem er trinken wollte, sein eigenes Spiegelbild und verliebte sich unsterblich darin. Er war so hingerissen, dass er für kein anderes Lebewesen mehr Augen und Ohren hatte, nur noch für dieses Spiegelbild. Völlig außerstande, sich davon loszureißen, starb er eines Tages – ausgezehrt und voll unerfüllter Sehnsucht. Die Götter verwandelten ihn in eine stark duftende Frühlingsblume: die Narzisse. Sie ist schön und verführerisch anzusehen, aber giftig ...

Man bezeichnet Menschen dann als narzisstisch, wenn ihre Sorge um sich selbst geradezu zu einer Selbst-*Sucht* führt, die alle anderen Menschen dazu verurteilt, nur Nebenrollen zu spielen oder

»Mittel zum Zweck« zu sein. Das Drama des narzisstischen Menschen ist, dass er auf der einen Seite süchtig ist nach der Anerkennung und Bewunderung seiner Umwelt (und viel unternimmt, um sie zu bekommen). Auf der anderen Seite ist er jedoch gar nicht in der Lage, andere Menschen und ihre Liebe wirklich an sich heranzulassen. Weshalb? Weil er im Grunde seiner Seele glaubt, nicht wirklich liebenswert zu sein – deshalb der maßlose, lebenslange Hunger nach Anerkennung, der ihn aber nie wirklich satt macht.[5]

Als Partner wird ein narzisstischer Mensch über kurz oder lang zur großen Enttäuschung, weil er einerseits viel verlangt und hohe Ansprüche stellt, andererseits aber wenig gibt, sondern den anderen quasi nur zur Bestätigung seiner selbst braucht. Als wirkliches Gegenüber, das auch Bedürfnisse hat, kann er den Partner nicht wahrnehmen. Freunde und Partner oder Partnerinnen solcher Narzissten fühlen sich zwar oft anfänglich von diesen oft charmanten, »schillernden Persönlichkeiten« angezogen, doch im Lauf der Zeit stellt sich das Gefühl ein, missbraucht und ausgenutzt zu werden. Wenn sie dieses Problem ansprechen und eigene, unerfüllte Wünsche zum Ausdruck bringen, weicht der Narzisst aus oder verlässt die Beziehung, um aufs Neue irgendwo anders sein Glück zu suchen.

Es liegt auf der Hand, dass die Folgen für unsere Gesellschaft gravierend sind, wenn es stimmt, dass dieser Typus von Mensch immer häufiger anzutreffen ist:

- ▷ Ehen und Partnerschaften werden instabiler.
- ▷ Familienbindungen werden brüchiger.
- ▷ Stabile und tiefe Freundschaften werden seltener.
- ▷ Die äußere Einsamkeit nimmt spätestens nach dem Ende der Berufstätigkeit oder bei eingeschränkter Mobilität zu. Die innere Einsamkeit besteht schon vorher, kann aber gut durch Geselligkeit, Aktivitäten, Unterwegssein etc. überspielt werden.
- ▷ Rücksichtsloses, unsoziales, egoistisches Verhalten im öffentlichen Leben (z. B. im Verkehr oder am Arbeitsplatz) nimmt zu.

[5] Vgl. Hans-Peter Röhr, Narzissmus – das innere Gefängnis, München 2005.

▷ Die Kinder narzisstischer Menschen erhalten keine angemessene Zuwendung und Erziehung, die sie zu liebesfähigen, sozial verantwortungsvollen und einfühlsamen Menschen heranbilden.

Wenn kein starkes Gegengewicht in Form anderer Bezugspersonen oder Einflüsse vorhanden ist, so gilt in der Regel: Narzissten erzeugen keine psychisch stabilen, glücklichen Nachkommen.

Dass einige Trends unserer Zeit schon in diese Richtung weisen, ist nicht zu übersehen. Das Magazin »Focus« brachte schon vor einigen Jahren einen großen Leitartikel unter der Überschrift: »Die Ego-Gesellschaft«. Darin hieß es: »Enge Vertraute will fast jeder haben. Doch in der Ego-Gesellschaft scheint man vergessen zu haben, dass man für Freundschaften auch etwas tun muss ...« Ich würde sagen: Man hat es nicht vergessen, man hat es – als Folge der Selbstbezogenheit – verlernt oder nie gelernt.

Die Haltung der Liebe

Das Gegengewicht zur Selbstsucht wäre eine *Haltung der Liebe*, die sich darüber im Klaren ist, dass Beziehung nur gelingen kann, wenn das Gegenüber mit seinen Bedürfnissen *geachtet wird.*

Im 1. Korintherbrief beschreibt der Apostel Paulus dieses Wesen der Liebe unter anderem mit den Worten: »Wer liebt, ist geduldig und freundlich. Er neigt nicht zu Eifersucht, er stellt sich nicht in den Vordergrund und sucht nicht seinen Vorteil. Wer liebt, verhält sich nicht verletzend. Er lässt sich nicht erbittern und trägt das Böse nicht nach« (Kapitel 13,4f).

Dies sind Beschreibungen einer reifen Zuneigung, die nicht dauernd nachrechnet und auch nicht aufrechnet: »Wie viel investiere ich, wie viel bekomme ich zurück?« Es ist eine Zuneigung, die Freude daran hat, »dem Leben zu dienen«[6]. Zu einer solchen reifen Zuneigung, die nicht von Gefühlsschwankungen abhängig ist, ge-

[6] Diese Formulierung verwendet Marshall B. Rosenberg in seinem Buch »Konflikte lösen durch gewaltfreie Kommunikation«, Freiburg 2004

langen wir meines Erachtens nur, wenn wir uns mit uns selbst, unseren Bedürfnissen und unseren inneren Antreibern immer wieder bewusst und ehrlich auseinander setzen.

Wer blindlings in Beziehungen seine *eigenen* Bedürfnisse in den Vordergrund stellt, hat nicht verstanden, was die Aufforderung »Liebe dich selbst!« wirklich bedeutet. Mit dieser Aufforderung ist ein aufmerksamer, wertschätzender Umgang mit der eigenen Person gemeint, aber kein maßloser, kindlich fordernder Egoismus. Wer jedoch genauso unkritisch die Bedürfnisse des *Gegenübers* in den Mittelpunkt stellt und *sich selbst* dabei missachtet oder verleugnet, hat vergessen, dass das Gebot Gottes lautet: »Liebe deinen Nächsten *wie* dich selbst« – nicht: *anstatt* deiner selbst! Auch nicht: *dauernd auf deine Kosten!*

Die reife Liebe beachtet die *Ausgewogenheit* zwischen Selbst- und Nächstenliebe. Ich bezeichne sie als »Haltung der Liebe« im Gegensatz zur »Liebe als Gefühl«. Die *Haltung der Liebe* macht uns nicht zu Sklaven unserer eigenen Bedürfnisse, aber auch nicht zu Sklaven der Bedürfnisse unseres Gegenübers. Die Haltung der Liebe speist sich aus unserer Entscheidung, bestimmte Werte und Einstellungen in unseren Beziehungen zu leben. Aus dieser Haltung erwächst deshalb eine gewisse Ausdauer und Beständigkeit dem Nächsten gegenüber. Zur Haltung der Liebe zähle ich z. B. folgende Eigenschaften:

1. Interesse am Gegenüber empfinden und zeigen (an seinem Tun, Denken, Erleben, Empfinden)
2. Rücksichtsvoll mit dem anderen umgehen und ihm gerne eine Freude machen
3. Anerkennung und Wertschätzung immer wieder in Worten und Taten zum Ausdruck bringen
4. Zuverlässigkeit und Treue praktizieren
5. Aufrichtigkeit und Offenheit praktizieren
6. Loyalität praktizieren, d. h. den anderen nicht bloßstellen, beschämen, im Stich lassen etc.
7. Einfühlungsvermögen praktizieren: bereit sein und sich darum

bemühen, den anderen zu verstehen und von ihm her zu denken

8. Toleranz üben; die eigenen Grenzen sowie die Grenzen und das Anderssein des Gegenübers respektieren
9. Nachsicht gegenüber Fehlern sowie Vergebungsbereitschaft praktizieren
10. Sich bemühen, den anderen nicht unnötig zu verletzen; falls es doch passiert: bereit sein, Fehler einzugestehen und um Entschuldigung zu bitten
11. Bereit sein, Kritik anzunehmen, auch eigene Erwartungen und Standpunkte zu hinterfragen

Nun halten Sie einen Moment inne und machen Sie bitte folgenden Test: Wählen Sie im Geist eine der für Sie persönlich wichtigsten Beziehungen in Ihrem Leben aus. Prüfen Sie, wie viele dieser zehn von mir genannten Kriterien auf Sie und Ihr Gegenüber zutreffen.

Meine Vorhersage: Je mehr Punkte zutreffen, desto kostbarer, wachstumsfördernder und bereichernder ist diese Beziehung für Sie beide; d. h., desto mehr erfahren Sie – sowohl als Gebender wie auch als Nehmender – tiefe Befriedigung, Anregung und Glück. Umgekehrt gilt:

Die meisten zwischenmenschlichen Probleme entstehen dadurch, dass wir

- ▷ nicht gelernt haben, unsere eigenen Bedürfnisse und Gefühle klar mitzuteilen;
- ▷ nicht gelernt haben, uns in andere Menschen und deren Bedürfnisse und Gefühle einzufühlen, d. h., dass wir niemals die *Haltung der Liebe* trainiert haben.

Wir bleiben auf der Ebene der individuellen Bedürfnisorientierung stehen, ohne jedoch diese Bedürfnisse klar zu benennen und dem anderen die Gelegenheit zu geben, sie *auf seine Weise* zu respektieren oder zu erfüllen. Stattdessen sind wir »Gefangene« unserer inneren Antreiber und versuchen, unsere Ziele und Interessen notfalls mit Druck und psychischer Gewalt durchzusetzen. So aber lässt sich die Balance von Selbst- und Nächstenliebe nicht lernen und entfalten.

4. Innere Antreiber – wie entstehen sie überhaupt?

Es ist leichter, für andere weise zu sein, als für sich selbst.

La Rochefoucauld

Einige grundsätzliche Bemerkungen

An dieser Stelle möchte ich zunächst einmal klären, was »innere Antreiber« überhaupt sind und wie unsere natürliche menschliche Bedürftigkeit mit ihnen zusammenhängt. Unter inneren Antreibern verstehe ich die jeweils individuelle Art und Weise, wie wir unsere grundlegenden menschlichen Bedürfnisse (siehe Maslow) in persönliche Leitsätze, Ziele und Handlungen umsetzen. Oder anders gesagt: Innere Antreiber sind Ansprüche, die wir an uns stellen, um damit Ziele zu erreichen, die mit den Grundbestrebungen des Menschen verknüpft sind. Um es präzise auszudrücken, müsste ich statt von »inneren« eigentlich von »verinnerlichten« Antreibern sprechen, da diese Ansprüche an uns selbst in der Regel ihre Wurzeln in den Vorbildern und Bezugspersonen unserer Kindheit und Jugend haben.

Ich benutze das Wort »Antreiber«, weil es am besten deutlich macht, um welche Art von Gefühl, Gedanken oder Ideen es sich handelt. Die geläufigen Begriffe »Motiv/Motivation« stammen aus dem Lateinischen und sind auf das Verb »movere« zurückzuführen, das »bewegen, in Bewegung versetzen, antreiben« bedeutet. Auch in dem Wort »Emotion« steckt das Verb »movere« und macht deutlich, worin das Wesen von Gefühlen besteht: Sie bewegen uns innerlich. Dieses Bewegtsein mündet häufig darin, dass wir uns auch *in Bewegung setzen*. Ich nenne einige Beispiele für diese »bewegende« Wirkung von Gefühlen und Gedanken:

▷ Starke Gefühle drücken sich körperlich aus: Wenn wir uns beispielsweise freuen, werfen wir die Arme in die Höhe, hüpfen auf der Stelle, umarmen jemanden und Ähnliches. Wenn wir erschüttert sind, legen wir die Hand vor den Mund oder verbergen das Gesicht in den Händen oder müssen uns erst einmal setzen. Wenn wir Angst haben, spüren wir den Impuls wegzulaufen.

▷ Starke Gefühle haben geistig-seelische Folgen. Sie führen oft dazu, dass wir uns Ziele setzen: Nach einer schmerzlichen sportlichen Niederlage nehmen wir uns vor, mehr zu trainieren. Nachdem wir fasziniert die Ausstellung eines Malers gesehen haben, beschließen wir, uns mehr mit diesem Künstler zu beschäftigen oder selbst mit dem Malen zu beginnen. Nach einer Auseinandersetzung quält uns das schlechte Gewissen und wir möchten uns mit dem Streitpartner wieder versöhnen.

▷ Starke Gefühle sorgen dafür, dass Erlebnisse und Erfahrungen im Langzeitgedächtnis gespeichert werden. Dadurch werden unser Verhalten und unsere Reaktion im Wiederholungsfall stark beeinflusst.

Fazit: Starke Gefühle bewegen uns zum Handeln. Als Konsequenz eindrucksvoller Erfahrungen oder intensiver Gefühlserlebnisse entwickeln sich in uns zeitübergreifende Ziele und Überzeugungen. Es handelt sich um eine Art »Ideen- und Emotionsbündel«, das auf unser Denken, Fühlen, Reagieren und Handeln einen entscheidenden Einfluss ausübt.

Ein Beispiel für einen – in diesem Fall sogar bewussten – inneren Antreiber: Eine Frau erlebte als junges Mädchen im Frühjahr 1946, wie sie beim Versuch, ihre Eltern in Potsdam zu besuchen, von den Russen geschnappt und eine Nacht »behalten« wurde. Dieses Erlebnis, so erzählt sie, »hat meine Wut und meine Angst vor den Russen ganz tief in mir festgesetzt«. Sie schwor sich, niemals in ihrem Leben nach Russland zu reisen. Ihr Glaubenssatz lautete: »Die Russen sind Verbrecher.« Fast sechzig Jahre lang hielt sie ihre Überzeugung durch, bis sie sich 2004 zu einer Reise in die Ukraine entschloss.

Auf dieser Reise hatte sie einige tief gehende emotionale Erlebnisse. Sie führten dazu, dass sie lernte, den »Siegern«, als die sie die Russen bis dahin gesehen hatte, zu vergeben und ihren »inneren Antreiber« aufzugeben.

Dieses Beispiel macht deutlich, dass man die inneren Antreiber durchaus als »Glaubenssätze« bezeichnen könnte. Solche – emotionalen, nicht rationalen – Glaubenssätze entscheiden darüber, wie wir unsere Erfahrungen und Erlebnisse bewerten und interpretieren und welche Konsequenzen wir daraus ziehen.

Die Geburtsstunde der Glaubenssätze, die sich zu inneren Antreibern entwickeln, liegt in den meisten Fällen in Kindheit und Jugend. Kennzeichnend für diese inneren Antreiber ist:

- dass in der Regel die Eltern die entscheidenden Vermittler sind;
- dass wir sie in den meisten Fällen nicht kennen;
- dass sie keineswegs ein unbedeutender oder unwesentlicher Teil unserer Gedanken und Gefühle sind, sondern in vielfältiger Weise unser Verhalten bestimmen und uns unter Druck setzen. Deswegen sind sie fast immer mit Stress und Anspannung verknüpft.

Sach- und Beziehungsebene in der Kommunikation

Tatsache ist: Kein Kind kommt mit bestimmten Vorstellungen und Überzeugungen auf die Welt. Es bringt Veranlagungen mit, Wesensmerkmale, Talente und Vorlieben und selbstverständlich menschliche Grundbedürfnisse. Doch es besitzt keine angeborenen Einstellungen oder Ideen, worauf es im Leben ankommt, was es bedeutet, mit anderen Menschen zusammenzuleben, und wie man am besten mit ihnen und sich selbst umgehen soll.

Dies ändert sich mit jedem Monat, ja mit jedem Tag, den ein Kind unter der Obhut seiner Bezugspersonen verbringt. Später üben auch andere Kinder, vor allem Gleichaltrige, an denen man sich orientiert, sowie weitere Erwachsene (wie z. B. Lehrer) einen starken Einfluss aus.

Man muss sich klarmachen: Jedes Wort, das ein Kind zu hören bekommt, jeder Blick und jeder Ton, der ihm gilt, jedes Lächeln, Loben oder Tadeln enthält Botschaften, aus denen sich das Kind nach und nach sein Weltwissen und vor allem sein Selbstbild sowie sein Gewissen formt. Dabei gilt: Jedes Wort, das wir sprechen – egal, ob zu Kindern oder Erwachsenen –, ist wie eine Medaille mit zwei Seiten: Die eine Seite betrifft die *Sache,* um die es uns geht (Sachebene), die andere betrifft die *Person*, die wir ansprechen (Person- oder Beziehungsebene).[7]

Für die beiden Ebenen gelten im Normalfall folgende Regeln:

- Die Beziehungsebene interessiert uns zuerst. Wir wollen wissen, wie der andere zu uns steht, welche Einstellung er uns gegenüber hat, ob er uns wohlgesonnen ist (Bedürfnis nach Sicherheit, Anerkennung, Wertschätzung). Dieses Interesse prägt unsere Kommunikation lebenslang – unabhängig von Alter und Bildung; es ist allerdings bei unsicheren Menschen ausgeprägter. Ebenso ist dieses Interesse stärker gegenüber Menschen, deren Einstellung zu uns für uns sehr wichtig ist (beispielsweise der Partner, die Freundin, der Chef oder die Kollegin, mit der wir eng zusammenarbeiten).
- Unser Interesse an der Beziehungsebene in einer Kommunikation ist uns in der Regel *nicht bewusst*. Wir merken es am ehesten an den Folgen: dass wir uns in der Kommunikation entweder wohl und entspannt fühlen oder unwohl und zunehmend angespannt.
- Unsere *bewusste Konzentration* in einer Kommunikation gilt nicht der Beziehungs-, sondern der Sachebene: »Was sagt der andere? Worum geht es? Was teilt er mir mit oder will er von mir wissen?« Wenn wir uns allerdings auf der Beziehungsebene nicht sicher und akzeptiert, sondern z. B. unsicher und in Frage gestellt fühlen, ist auch die Konzentration auf der Sachebene massiv beeinträchtigt. Wir sind nicht mehr wirklich »bei der Sache« und neigen dazu, unser Gegenüber falsch zu verste-

[7] Vgl. Friedrich Schulz von Thun, Miteinander reden, Hamburg 1981.

hen, unkonzentriert zu sein und nur »mit halbem Ohr« hinzuhören.

Hierin liegt die Ursache der meisten zwischenmenschlichen Missverständnisse, die nicht selten in Streit und Auseinandersetzung enden. Das Problem besteht eigentlich auf der *Beziehungsebene.* Da diese Ebene jedoch beiden oder allen Kommunikationspartnern nicht bewusst ist, wird das Problem auf der *Sachebene* gesucht.

Weshalb ist es für den ungeübten Laien so schwierig, die beiden Ebenen zu trennen und sich klarzumachen, *wo* das Kommunikationsproblem eigentlich liegt? Antwort: Weil er die Verschränkung dieser Ebenen von Kindheit an gewöhnt ist und niemals dazu angeleitet wurde, sie zu trennen.

Sie können Ihre eigene Fähigkeit, Sach- und Beziehungsebene zu erkennen, in der folgenden Übung testen. Ich bitte Sie, genau zu unterscheiden: *Was wird hier auf der Personebene mitgeteilt und was auf der Sachebene?* Die »richtigen« Antworten (oft gibt es mehrere Möglichkeiten) finden Sie am Ende der Beispiele.

▷ »Klopfen Sie bitte an, bevor Sie mein Zimmer betreten!«
Sachebene:
Personebene:

▷ »Schön, dass du auch noch kommst!«
Sachebene:
Personebene:

▷ »Immer muss ich den Abfall entsorgen, du machst keinen Finger krumm!«
Sachebene:
Personebene:

▷ »Findest du, das Kleid steht dir?«
Sachebene:
Personebene:

▷ »Immer wenn du zu Besuch warst, ist Mutter hinterher ganz durcheinander.«
Sachebene:
Personebene:

▷ »Könnt ihr euch das leisten, so lange in Urlaub zu fahren?«
Sachebene:
Personebene:

Antworten (Personebene meint dasselbe wie Beziehungsebene):

▷ »Klopfen Sie ...«
Sachebene: Es wird eine bestimmte Form des höflichen Umgangs eingefordert.
Personebene: Die Aufforderung könnte eine indirekte Kritik enthalten (»Wissen Sie nicht, was sich gehört?«). Die Bitte enthält den Wunsch nach Distanz (Schutz der Privatsphäre) gegenüber dem Kommunikationspartner. Das kann unter Umständen als Zurückweisung oder Herabsetzung empfunden werden.

▷ »Schön, dass du ...«
Sachebene: »Ich freue mich wirklich, dass du kommst!«
Personebene: Die Formulierung »auch noch« könnte ironisch sein und einen versteckten Vorwurf beinhalten im Sinne von »Du kommst zu spät, warum bist du nicht schon früher gekommen?«. Das Gegenüber könnte verärgert oder verletzt reagieren, weil es sich angegriffen und in Frage gestellt fühlt.

▷ »Immer muss ich ...«
Sachebene: Es wird eine grob verallgemeinernde Klage (»immer«) formuliert, die mit einem ebenso verallgemeinernden Vorwurf (»... keinen Finger«) endet.
Personebene: Verallgemeinerungen sind immer verletzend, weil sie der Person, die man meint, nicht gerecht werden. Das Gegenüber wird zu pauschal angegriffen: »Du bist faul/verantwortungslos; du tust überhaupt nichts in dieser Hinsicht.« Der andere fühlt sich in Frage gestellt und wird sich aller Wahrscheinlichkeit nach verteidigen oder zum Gegenangriff übergehen.

▷ »Findest du ...?«
Sachebene: Es wird eine scheinbar harmlose Frage gestellt. Der Fragende äußert keine eigene Meinung bezüglich des Kleides.
Personebene: Die Frage könnte als indirekte Kritik verstanden werden (»Ich finde, das Kleid steht dir nicht«) – was nahe liegt, denn warum wird die Frage sonst gestellt? In diesem Fall könnte sich das Gegenüber durchaus verunsichert oder verletzt fühlen, auch, weil der andere nicht offen sagt, was er denkt.

▷ »Immer wenn du ...«
Sachebene: Es wird eine scheinbar neutrale Beobachtung mitgeteilt.
Personebene: Diese Beobachtung beinhaltet einen Verdacht: »Du bist die Ursache, dass Mutter hinterher ganz durcheinander ist. Mit anderen Worten: Du bist schuld.« Der Angesprochene spürt den Vorwurf und wird sich vermutlich dagegen zur Wehr setzen – oder beleidigt sein.

▷ »Könnt ihr euch ...«
Sachebene: Es wird einfach nur – möglicherweise überrascht, verwundert oder neugierig – nach den finanziellen Möglichkeiten des Gegenübers gefragt.
Personebene: Die Frage könnte als Ausdruck von Neid (»Ihr könnt euch das leisten, wir jedoch nicht!«) oder als indirekte Kritik interpretiert werden: »Eigentlich könnt ihr euch das nicht leisten!« – »Ihr gebt zu viel Geld für Urlaub aus!« Dementsprechend wird sich auch hier der Gefragte angegriffen fühlen und sich vermutlich verteidigen oder zum Gegenangriff übergehen (»Könnt **ihr** euch denn zwei Autos leisten?«).

Halten wir fest: Auch wenn es auf Anhieb nicht einfach ist, so lassen sich mit einigem Nachdenken die beiden Ebenen der Kommunikation doch gut unterscheiden und auseinander halten. Allerdings bedarf es der Übung! Eine solche Unterscheidung ist jedoch Kindern nicht möglich; für sie sind Person- und Sachebene untrennbar miteinander verbunden. Einige Beispiele dazu aus der Eltern-Kind-Kommunikation:

▷ Die elterliche Aufforderung »Sei lieb und tu, was ich dir sage!« hört sich zunächst harmlos an, enthält aber die Botschaft: »Liebsein zeigt sich im Gehorsam« (Sachebene), und: »Wenn du ungehorsam bist, hab ich dich nicht (mehr so) lieb« (Personebene).

▷ »Dein kleiner Bruder kann das schon und du immer noch nicht!« ist eine Feststellung, die ein Kind vermutlich zu mehr Anstrengung und Ehrgeiz anstacheln soll (Sachebene). Andererseits enthält sie die Botschaft, dass das Kind mit seinem Geschwister verglichen und an dessen Leistung gemessen wird. Es wird nicht in seinem eigenen Lerntempo, überhaupt in seiner Eigenart respektiert (Personebene).

▷ »Hör endlich mit deinem Geplapper auf!« ist ein Seufzer, der wohl jedem genervten Elternteil einmal entfährt. Doch neben dem Hinweis auf die eigene Ruhebedürftigkeit (Sachebene) signalisiert er dem Kind in dieser Formulierung (»endlich«) unter Umständen auch: »Dein Reden ist für mich nichts Positives, sondern etwas Lästiges!« – womit eine Abwertung des kindlichen Mitteilungsdrangs verknüpft ist (Personebene).

Diese alltäglichen Erziehungssituationen machen noch einmal deutlich, dass die Kommunikation zwischen Menschen (egal, ob Kind oder Erwachsener) grundsätzlich beide Ebenen beinhaltet – und beide Ebenen werden von den Kommunikationspartnern unbewusst auch wahrgenommen und gedeutet.

Ganz besonders sensibel werden sie vom Kind wahrgenommen, weil das Kind ja noch mitten in dem Prozess ist, ein Selbstbild aufzubauen. So wie unser Körper aus allem, was wir ihm an Nahrung zuführen, das für ihn Verwertbare herausfiltert, so saugt auch das Kind aus allem, was es hört, sieht und fühlt, wie ein Schwamm das für seinen Geist und seine Seele Fassbare auf – es sei positiv oder negativ, ermutigend oder lähmend, verwirrend oder klärend, schön oder schrecklich.

Dabei gilt, ich wiederhole noch einmal: Nicht nur Kinder, die ja noch kein Bild von sich selbst haben, richten ihre Aufmerksamkeit in jeder Art von Kommunikation zunächst auf die Personebene, sondern auch wir Erwachsenen filtern aus den Äußerungen und der Körpersprache unseres Gegenübers heraus, wie die Person zu uns steht, welche Gefühle sie für uns empfindet usw. Allerdings können wir Erwachsenen uns von den Signalen unseres Gegenübers leichter abgrenzen, sie kritisch prüfen und gegebenenfalls zurückweisen. Das ist einem Kind nicht möglich.

In Bezug auf unsere Kindheit gilt deshalb: Je näher uns eine Person stand, je emotional bedeutsamer sie für uns war und je häufiger wir eine bestimmte Erfahrung mit ihr machten, desto tiefer prägte sich das Gehörte, Gesehene oder Gefühlte in unseren Geist und unsere Seele ein. Desto nachhaltiger wurden unsere Entwicklung, unser Denken und Fühlen davon beeinflusst. Desto stärker hat es unseren Werdegang, unsere Persönlichkeit und unser Denken mitbestimmt.

Innere Antreiber sind also jene Bewertungen, Handlungsanweisungen und Zielvorgaben, die wir – in der Regel unbewusst – aus dem abgeleitet haben, was uns an Gefühlen, Werten, Regeln, Einstellungen und Moralvorstellungen vermittelt wurde. Wir haben sie sozusagen *verinnerlicht.*

Ein Beispiel für solch eine direkte Beeinflussung: Rose F. Kennedy, die Mutter von John F. Kennedy und seinen zahlreichen Geschwistern, erzählt in ihren Lebenserinnerungen, dass ihr Mann den Söhnen immer eingeschärft habe: »Du darfst dich nie damit zufrieden geben, nur Zweiter zu sein!« Es ist kaum verwunderlich, dass angesichts dieser extremen Leistungsorientierung sich nicht nur John F. Kennedy, sondern auch einige seiner Brüder im späteren Leben durch auffallenden Ehrgeiz hervortaten. Offenbar hatten sie sich mit der Einstellung ihres Vaters nie kritisch auseinander gesetzt oder sich gar von ihr distanziert.

Das entspricht meiner eigenen Beobachtung: Viele Erwachsene kommen niemals auf die Idee, sich bewusst und sorgfältig mit den geistig-emotionalen Prägungen zu beschäftigen, denen sie in Kindheit und Jugend ausgesetzt waren. »Darüber habe ich mir noch nie Gedanken gemacht!« ist eine häufig zu hörende Antwort, wenn ich Menschen beispielsweise frage, welches die prägenden Erziehungseinflüsse in ihrem Elternhaus waren und wie diese sie geformt hätten. Auch denken wenige Erwachsene darüber nach, was sie von dieser Erziehung gern an eigene Kinder weitergeben würden – und was besser nicht.

Noch wesentlich schwieriger ist es allerdings, sich nachträglich mit prägenden Einstellungen und Werturteilen der Eltern auseinander zu setzen, die *nicht direkt, d. h. mittels Sprache* formuliert wurden. Doch gerade hier gibt es ein ganzes Arsenal an Möglichkeiten.

Die Macht der Körpersprache – Beziehungsebene ohne Worte

»Ein Blick sagt mehr als tausend Worte« lautet ein Sprichwort. Ein anderes, ebenso zutreffendes Sprichwort lautet: »Der Ton macht die Musik.« Neben der Sprache der Wörter benutzen wir alle auch die

Körpersprache, wenn wir mit anderen Menschen kommunizieren. Unsere nonverbalen (= nichtsprachlichen) Signale beziehen sich auf fünf Bereiche des Körpers:

- Blickverhalten; Sprache der Augen
- Sprechverhalten: Stimme, Sprachmelodie, Lautstärke
- Gesichtsmimik, Gesichtsausdruck, Lächeln
- Körperhaltungen
- Körperbewegungen, vor allem Hand- und Fußbewegungen

Die Körpersprache ist die erste Sprache, die jeder Mensch nach seiner Geburt spricht und zu verstehen lernt, denn es dauert relativ lange, bis er so reif ist, um die mündliche Sprache zu verstehen und selbst zu erlernen.

Da ein Kind jedoch vom ersten Tag seiner Geburt an Verbundenheit erfahren möchte und wissen will, ob es geliebt und angenommen ist, achtet es unablässig auf die körpersprachlichen Signale, die seine Bezugspersonen ihm senden. Es lernt schnell, was diese Signale – beispielsweise ein Lächeln, ein Stirnrunzeln, ein Lautwerden der Stimme oder ein Abwenden des Blicks – bedeuten. Da ein Kind extrem von der Zuwendung und Zuneigung seiner Bezugspersonen abhängig ist (im Normalfall Vater und Mutter), entwickelt es eine enorme Sensibilität: Kinder spüren die Stimmung ihrer Eltern, sie fühlen, ob etwas »in der Luft liegt«, ebenso wie sie Spannungen zwischen den Eltern erspüren, auch wenn Vater und Mutter diese Spannungen vor den Kindern zu verbergen suchen.

Wir behalten die Aufmerksamkeit für die Körpersprache auch dann noch bei, wenn unsere bewusste Konzentration sich mehr und mehr auf die gesprochene Sprache verlagert. Allerdings ist die Konzentration auf Gesprochenes auch der Grund, warum wir die Körpersprache weitgehend unbewusst registrieren und entschlüsseln. Ein Beispiel: Wir fragen eine Freundin, wie es ihr nach dem Auszug ihrer Kinder gehe, und sie sagt mit tonloser, trauriger Stimme: »Mir geht's ausgezeichnet.« Welchem Signal werden wir mehr Glauben schenken – der Stimme (die uns immer einen Hinweis auf die Stimmung gibt) oder den Worten? Sicher lautet Ihre Antwort: Ich würde mehr der Stimme Glauben schenken. Das ist auch richtig, denn mit dem Körper können wir schlechter lügen als mit Worten. Die Körpersprache ist die ehrlichere Sprache – es sei denn, man setzt sie bewusst zur Täuschung ein.

Ein anderer Fall: Eine junge Frau sagt zu ihrer Mutter, bei der sie noch wohnt: »Ich würde gern zu meinem Freund ziehen.« Die Mutter schaut sie betroffen an, sagt aber äußerlich ruhig und gefasst: »Das verstehe ich, ich will deinem Glück nicht im Wege stehen.« Auch wenn die Tochter die verständnisvolle Antwort der Mutter hört, haben der Anblick ihrer traurigen Augen und der Ton ihrer Stimme die Wirkung auf ihr Unterbewusstsein nicht verfehlt: Sie bekommt möglicherweise Mitleid mit der Mutter und ein schlechtes Gewissen, weil sie ihre Mutter verlassen möchte.

Ein letztes Beispiel, wieder aus der Welt der Kinder: Ein Kind kommt nach Hause und zeigt dem Zeitung lesenden Vater, was es in der Schule gebastelt hat. Der Vater hebt den Blick nicht von der Zeitung, sondern sagt nur: »Schön, sehr schön.« Das Kind spürt unmissverständlich das fehlende Interesse des Vaters, auch wenn dieser doch nichts Negatives geäußert, sondern lediglich nicht hingeschaut hat.

Sehr häufig wird auch *Schweigen* von Eltern als Mittel der Körpersprache eingesetzt, um das Kind emotional unter Druck zu setzen und ihm auf diese Weise mitzuteilen, was man von seinem Verhalten, seinem Wunsch oder seinen Worten hält. Übergibt beispielsweise ein Kind sein Schulzeugnis den Eltern und erntet als Kommentar nur Schweigen, womöglich noch begleitet von Stirnrunzeln, so ist das für das Kind eine klare Mitteilung: Die Eltern sind nicht zufrieden – oder sie interessieren sich nicht für den schulischen Werdegang ihres Kindes. Beides ist für das Kind schlimm – auch wenn nichts gesagt wurde.

Körpersprachliche Signale sind eine eigenständige Sprache zwischen Eltern und Kindern, aber auch zwischen Erwachsenen. Mit Hilfe dieser Signale übermitteln wir eine Vielzahl an Gefühlen, Bewertungen, Urteilen und Einstellungen. Sie werden in der Regel auf der unbewussten Ebene gesendet, aber auch auf der unbewussten Ebene wahrgenommen und gedeutet. Das macht ihren Einfluss so stark und nachhaltig, gibt aber auch Anlass für viele Konflikte zwischen Kommunikationspartnern.

Emotionale und verbale Signale und Reaktionen der Eltern

Eine Frau erzählt: »Ich war vielleicht zehn Jahre alt und fuhr mit meinem Vater zum Milchholen. Auf dem Rückweg passte ich nicht auf und die Milchkanne kippte um – ein Teil der Milch ergoss sich ins Auto. Mein Vater schimpfte fürchterlich mit mir. Zu Hause angekommen, musste ich das Auto putzen. Soweit ich mich erinnere, hat er mir ein wenig dabei geholfen – oder wenigstens meine Geschwister angewiesen, mir zu helfen.«

Auch wenn die Erzählerin nicht mehr weiß, was genau der Vater zu ihr sagte – seine heftige emotionale Reaktion, sein Zorn, hat sich ihr tief eingeprägt. Ebenso die Scham, die sie daraufhin empfand. Sie fühlte sich als Versagerin und hatte das Gefühl, etwas Schlimmes angerichtet zu haben. Die – allerdings unsichere – Erinnerung an eine teilweise Hilfe des Vaters oder der Geschwister bei der Autoreinigung war zwar tröstlich, linderte aber nicht den Schreck über seine ungezügelte Wut angesichts ihrer Unachtsamkeit. In diese Wut legte der Vater, ohne dass ihm dies in dem Moment bewusst war, eine Mitteilung an seine Tochter, die von dieser genau registriert wurde: »Es ist sehr schlimm, dass dir dieses Missgeschick passierte. So etwas darf einfach nicht vorkommen!« Dabei machte die Tochter auch die Erfahrung, dass der Vater überhaupt keine »Antenne« für ihre eigene Betroffenheit angesichts des Fehlers hatte, da er viel zu sehr mit seinen Emotionen beschäftigt war. Auch diese indirekte Botschaft prägte sich der Tochter ein: »Wenn dir ein Missgeschick passiert, darfst du bei deinem Vater auf keinen Fall mit Trost oder barmherzigem Verständnis rechnen.«

Man kann sagen: Je stärker der Druck ist, der mit bestimmten

Äußerungen und emotionalen Reaktionen auf ein Kind ausgeübt wird, desto mehr wird das Kind von dieser Reaktion beeinflusst. Es reagiert auf diesen Druck, indem es innere Antreiber entwickelt, die zwei Richtungen nehmen können:

- ▷ Die Erwartungen und Vorstellungen der Bezugsperson werden verinnerlicht und so weitgehend wie möglich erfüllt.
- ▷ Auf den Druck der Eltern wird mit bewusstem oder unbewusstem Gegendruck reagiert. Diese Reaktion äußert sich im Kindesalter als Trotz und Aufsässigkeit, später oft als Verweigerung, innerer und äußerer Rückzug von den Eltern, Streit mit ihnen, Einschlagen eines ganz anderen Wegs als den von den Eltern gewünschten usw.

Auch daraus, wie Eltern über andere oder über das, was sie erleben und erfahren, reden und urteilen, entnehmen Kinder eine Menge an Informationen über Gut und Böse, Richtig und Falsch, Wichtig und Belanglos.

- ▷ Der Nachbar hat sich beim Rasenmähen verletzt – wie reagieren Vater und Mutter? Sagen sie schadenfroh: »Geschieht ihm recht!«, seufzen sie erleichtert: »Endlich mal eine Weile Ruhe!«, spotten sie: »Der ist doch zu allem zu dumm!«, oder bekunden sie Mitleid mit ihm und überlegen, wie man ihm helfen könnte?
- ▷ Eine Verwandte wurde von ihrem Mann verlassen – äußert man boshafte Vermutungen (»Der wird schon seine Gründe haben!«), oder versucht man, sich einfühlsam mit ihrer Situation auseinander zu setzen? Wird erwogen, den Kontakt zu ihr zu suchen und sie zu unterstützen, oder ist man darauf bedacht, sich aus der Sache herauszuhalten?
- ▷ Eine Nachbarin schenkt der Familie einen Korb Beeren. Wie wird dies von den Eltern kommentiert? Heißt es: »Oh je, jetzt müssen wir uns wieder revanchieren!«, oder wird anerkennend und freudig über die Großzügigkeit der Frau gesprochen?

Sehr häufig erleben Kinder auch, dass Eltern *über* Menschen ganz anders reden als *mit* ihnen. Dies wird in einem Witz deutlich: Tante

Gisela kommt zu Besuch und Klein Lisa öffnet ihr die Tür. »Der Papa freut sich schon riesig, dass du kommst!«, sagt Lisa strahlend zur Tante. »So, was hat er denn gesagt?«, fragt diese. »Er hat gesagt, Tante Gisela hat uns gerade noch gefehlt!« – Während das Kind in diesem Fall die Doppelbödigkeit der väterlichen Äußerung noch nicht erkennen kann, registrieren ältere Kinder genau, wie aufrichtig und geradlinig Eltern ihren Mitmenschen gegenüber sind – und sie lernen daraus, wie man sich verhalten sollte bzw. verhalten darf.

Ein Beispiel: Eine Freundin, von der ich weiß, dass sie öfter am Telefon unaufrichtig ist (z. B. indem sie behauptet, sie sei gerade beim Kochen oder Backen, wenn sie ein Gespräch schleunigst wieder beenden möchte), erzählte mir entsetzt, dass ihre Tochter im Teenageralter sie in letzter Zeit des Öfteren anlüge oder ihr Wichtiges verschweige, vor allem wenn es um ihre nicht besonders guten schulischen Leistungen geht. Ich sagte zu meiner Freundin: »Das ist bedenklich, was deine Tochter da macht – aber hat sie es nicht bei dir gelernt, dass man in bestimmten Situationen auch lügen darf, wenn es für einen selbst bequemer ist? Sie macht ja eigentlich nur das, was du auch gelegentlich tust!« Meine Freundin schwieg betroffen. Diese Konsequenz ihrer eigenen gelegentlichen Unaufrichtigkeit hatte sie nicht bedacht.

Wir merken: In allem, was Eltern oder nahe Bezugspersonen miteinander reden, schwingen auch moralische Einstellungen oder Wertungen mit, die ein Kind hört und selbstverständlich verinnerlicht. Es entnimmt daraus, wie man mit Problemen, Konflikten, Enttäuschungen oder Notlagen anderer Menschen am besten umgeht. Es lernt aus dem Vorbild der Erwachsenen entweder Einfühlung und differenziertes Urteil – oder Abgrenzung, Rückzug, Pauschalurteile. Es lernt, welchen Stellenwert Mitmenschen im eigenen Leben einnehmen sollten und wie man reagieren muss, wenn sie in materielle oder seelische Not geraten. Es lernt, ob Offenheit oder Unaufrichtigkeit, abwartendes Schweigen oder mutiges Ansprechen bei einer heiklen Angelegenheit angebracht sind – und vieles andere mehr.

Stehende Redewendungen, Zitate, Anekdoten in der Familie

In jeder Familie gibt es ein charakteristisches Repertoire an Sätzen, Kommentaren oder Zitaten, die immer wieder an passender Stelle eingeflochten werden. Diese Wiederholungen beinhalten viel von dem, was eine Familie für wichtig und richtig, für wesentlich oder vorbildlich oder auch nur für lustig und erinnernswert hält. Sie tragen maßgeblich zur Formung der inneren Antreiber bei. Auch hierzu einige Beispiele:

- ▷ Eine Frau erzählte mir, sie hätte als Kind viel gelacht und daraufhin oft von ihrer Mutter ein Sprichwort zu hören bekommen, das sinngemäß lautete: »Wer in der Jugend viel lacht, muss im Alter viel weinen.« Natürlich verstand das Kind die damit verknüpfte Botschaft sehr genau: Ihr Lachen wurde nicht freundlich anerkannt, sondern als etwas Negatives oder gar Gefährliches abgewertet. Dass damit eine Missachtung ihrer persönlichen Fröhlichkeit verbunden war, liegt auf der Hand.
- ▷ Ein junger Mann hingegen erinnert sich, dass sein Vater häufig die Redewendung benutzte: »Courage zur Blamage!« Bei ihm als Kind kam dieser Spruch so an, dass es nicht schlimm ist, wenn man auch Fehler macht oder »aus dem Rahmen fällt«. Der Vater ermunterte seine Kinder mit dieser Parole zu Mut und Unkonventionalität.
- ▷ Wenn Eltern, wie aus einer anderen Familie bezeugt, immer wieder betonen: »Vertrauen ist gut, Kontrolle ist besser«, so bringen sie damit ihren Kindern eine ganz bestimmte, von Misstrauen geprägte Grundeinstellung anderen Menschen gegenüber bei.
- ▷ An einem meiner Bekannten fiel mir auf, dass er trotz vieler beruflicher Pflichten, trotz Haus und Garten und Familie am Samstag geruhsam die Wochenzeitung las, anstatt wie die Nachbarn unentwegt fleißig zu arbeiten. Darauf angesprochen, erzählte er mir von einem Spruch, den sein Vater immer wieder zitiert hatte: »Schaffe ruhig und gediegen, was nicht fertig wird, bleibt liegen.« Diese Devise hatte er verinnerlicht, was ihm nunmehr

im Erwachsenenalter die erstaunliche Gelassenheit und Freiheit gab, trotz viel anstehender Arbeit sich auch Ruhe- und Lesepausen zu gönnen.

▷ Das Gegenteil dazu erlebte die Tochter einer wohlhabenden Bauern- und Gastwirtsfamilie, in der tagaus, tagein geschuftet wurde. Saß sie als Kind einmal da und las beispielsweise in einem Buch, hieß es sofort: »Hast du keine Arbeit?« Ihr wurde kein Recht auf Nichtstun, auf eigene Interessen zugebilligt, sie zählte nur als Arbeitskraft – Erfahrungen, die diese Frau als tiefe Missachtung ihrer Individualität empfand.

Es ist durchaus lohnenswert, sich zu erinnern, welche »stehenden Redewendungen« oder/und Ermahnungen man im eigenen Elternhaus immer wieder zu hören bekam und welche Lebenseinstellungen und Glaubensinhalte damit verknüpft sind.

Auch alte Familiengeschichten, die immer wieder »aufgewärmt« werden, sagen viel über das »Gedächtnis« und die Werte einer Familie aus. Ist es die Geschichte von der missratenen Verwandten, die der ganzen Familie nur Schande bereitet hat, ist es die Story vom ungerecht verteilten Erbe, bei dem man viel zu schlecht wegkam, oder die Erzählung vom heldenhaften, berühmten Vorfahren, an den keiner der jetzt Lebenden heranreicht? Immer wird durch das Erzählen auch und gerade den Kindern deutlich, was den Erzählenden wichtig ist, was sie bewegt, was bei ihnen unvergessen und oft auch unvergeben oder zumindest unverarbeitet ist.

Das Vorbild unserer Bezugspersonen

Schon der chinesische Denker Konfuzius (551–479 v.Chr.) stellte scharfsinnig fest:

»Es gibt dreierlei Wege, zu lernen:
durch Nachahmung – das ist der einfachste,
durch Nachdenken – das ist der edelste,
durch Erfahrung – das ist der bitterste.«

»Durch Nachahmung – das ist der einfachste.« Nachahmung ist *der* elementare und zentrale Lernvorgang des Kindes überhaupt. Alles lernt es zunächst durch Nachahmung – Gebärden, Verhalten, Sprache, Reaktionen usw. Am Verhalten seiner Bezugspersonen liest das Kind ab, was im Leben wichtig ist, worauf es ankommt. Einige Beispiele:

- ▷ Ein Vater erzählte, dass sein vierjähriger Sohn eines Mittags recht nörgelig und unausgeglichen war. Schließlich baute sich die zweijährige Schwester vor ihm auf und sagte bestimmt: »Jetz is aber Sluss!« Es war exakt die Redewendung, die sie in ähnlichen Situationen von ihren Eltern schon gehört hatte.
- ▷ Eine junge Mutter, die großen Wert darauf legt, ihre Kinder konsequent, aber auch mit viel Einfühlung zu erziehen, erzählte: Ihr kleiner Sohn, gut ein Jahr alt, warf aus Versehen ein auf dem Tisch stehendes gefülltes Glas um. Seine dreieinhalbjährige Schwester, die den Vorfall beobachtet hatte, sagte spontan zur Mutter: »Das ist nicht so schlimm, das hat er nicht mit Absicht gemacht.« In dieser erstaunlich einfühlsamen Reaktion des Mädchens spiegelte sich exakt die Reaktion der Mutter wider, die das Kind in ähnlichen Fällen selbst schon erfahren hatte.
- ▷ Ein Mann, der zu mir kam, weil er erfahren hatte, dass seine Frau ihn verlassen wollte, äußerte mir gegenüber starke Wut gegenüber seiner Frau und ihrem neuen Freund. Nach einiger Zeit sagte ich zu ihm: »Eigentlich müssten Sie, wenn Sie Ihre Frau lieben, nicht nur wütend, sondern auch sehr traurig sein über das, was passiert ist! Das ist ja eigentlich zum Weinen.« Spontan antwortete er: »Ich kann nicht weinen. Ich bin so erzogen worden, keine Tränen zu vergießen. Ich habe meinen Vater auch nie weinen sehen – nicht einmal, als mein älterer Bruder tödlich verunglückt ist!« Das väterliche Beispiel, wie mit Trauer umzugehen ist, hatte sich dem Kind tief eingeprägt und sein eigenes Verhalten bis ins späte Erwachsenenalter bestimmt.
- ▷ Eine Frau erzählte mir von ihrer verstorbenen Mutter: »Meine Mutter hatte einige Freundinnen, aber ich hatte nie den Eindruck, dass sie ihnen wirklich Persönliches von sich erzählt hat. Schon

gar nicht hat sie ihnen ihre Probleme mit mir, meinem Bruder oder meinem Vater erzählt. Ich glaube, meine Mutter wollte nach außen stark erscheinen und nicht schwach. Aber sie hatte viel Verständnis für die Sorgen ihrer Freundinnen!« – »Und du«, fragte ich die junge Frau, »bist du anders?« Sie schwieg nachdenklich und meinte schließlich: »Wenn ich's mir recht überlege, fällt es mir auch sehr schwer, mit meinen Freundinnen über persönliche Probleme oder Schwierigkeiten zu reden. Ich fände es wichtig, aber ich möchte eigentlich nach außen auch immer gern ein gutes Bild abgeben. Das ist«, fügte sie fast entschuldigend hinzu, »wohl einfach noch so in mir drin.«

Diese letzte Bemerkung macht sehr gut den Vorgang deutlich, der beim »Lernen am Modell« stattfindet: Man beobachtet ein Verhalten – und übernimmt es, man »verinnerlicht« es. Auch dies geschieht großenteils auf der unbewussten Ebene – zumal wenn selten oder gar nicht darüber gesprochen wird.

Zu dem Vorbild, das Erwachsene für ihre Kinder darstellen, gehören jedoch nicht nur deren verbale Äußerungen und Reaktionen, sondern auch ihre Aktivitäten außerhalb der Erwerbsarbeit. Der Beruf, den wir im Interesse des Gelderwerbs ausüben, kann, aber muss nicht unbedingt etwas damit zu tun haben, was wir im Leben für wirklich wichtig und interessant halten. Umso mehr spiegeln die Aktivitäten *außerhalb* der Berufstätigkeit etwas von den Werten wider, die ein Mensch in sich trägt. Ob jemand in jeder freien Minute am Computer sitzt oder am Eigenheim herumbastelt, ob jemand viel Zeit in »Schnäppchenkäufe« investiert oder sich mit Leidenschaft künstlerisch oder sportlich betätigt, ob er gern in der freien Natur ist oder sich in einem Ehrenamt engagiert – das alles drückt etwas davon aus, was ein Mensch für wesentlich und wertvoll hält. Diese Werte vermittelt er fast zwangsläufig auch an seine Kinder. Es ist für Kinder unschwer erkennbar, ob ihre Eltern vor allem den materiellen Dingen des Lebens ihr Hauptinteresse widmen, ob sie vor allem mit sich selbst beschäftigt sind oder ob stattdessen Menschen, die man liebt und an deren Leben man verantwortlich

Anteil nimmt, im Mittelpunkt stehen. Nicht zuletzt merken Kinder natürlich auch, wie gut Eltern »einfach nichts tun« können und wie gern und intensiv sich Vater und Mutter mit ihnen, den Kindern, beschäftigen.

Frage an Sie, die Leserin, den Leser:
Was taten Ihre Eltern mit Vorliebe in ihrer Freizeit, an Wochenenden, Sonn- und Feiertagen oder im Urlaub? Inwiefern haben diese Aktivitäten Ihre eigenen Interessen und Vorstellungen, was wichtig ist im Leben, beeinflusst?

Auch hier gibt es wieder zwei Möglichkeiten:

- ▷ Man hat die Aktivitäten der Eltern positiv erlebt und betätigt sich selbst in ähnliche Richtung.
- ▷ Man hat die Aktivitäten der Eltern eher negativ erlebt und macht später »alles, bloß das nicht«. (Diese Abneigung muss jedoch nicht lebenslang andauern, sondern kann auch nur eine gewisse Lebensphase umfassen.)

Fazit: Eine Menge verschiedener, aber sehr wirkungsvoller Einflussfaktoren spielen bei der Ausprägung der eigenen Wertmaßstäbe und der damit verknüpften persönlichen »inneren Antreiber« eine Rolle. Die inneren Antreiber sind das Resultat jener besonders häufigen, intensiven und nachhaltigen Beobachtungen, Einflüsse und Erfahrungen, die wir im Lauf unserer Kindheit und Jugend gesammelt haben. Sie müssen sich nicht unbedingt in die von den Bezugspersonen gewünschte Richtung entwickeln, sondern können auch in eine Art Protest- oder Abwehrhaltung gegenüber dem Druck der Bezugspersonen münden. Doch in jedem Fall gilt: Innere Antreiber stehen in irgendeinem Zusammenhang mit unserem Selbstbild und Selbstwertgefühl, sprich: mit dem Bedürfnis nach Liebe, Wertschätzung und Anerkennung.

5. Die Dynamik unserer inneren Antreiber – warum sie so mächtig sind

Alles Gescheite ist schon gedacht worden, man muss nur versuchen, es noch einmal zu denken.

JOHANN WOLFGANG VON GOETHE

Einige grundsätzliche Bemerkungen

Das Bedürfnis, positiv von sich selbst zu denken, gehört zu den elementaren seelischen Motiven des Menschen. Da wir Menschen soziale Wesen sind, lässt sich dieses Bedürfnis nicht trennen von dem Wunsch nach sozialer Anerkennung und Wertschätzung.

Der Kern unserer Persönlichkeit, unser »Selbst«[8], bildet sich in unseren ersten Lebensjahren heraus, kann aber in späteren Jahren durchaus noch nachhaltig verändert und beeinflusst werden – durch neue Erfahrungen, neue Einsichten, neue Bindungen und eigene seelische Entwicklungsprozesse. Die These, dass die ersten drei oder vier Lebensjahre sozusagen die alles entscheidende Zeit sind, in der wir fürs Leben geformt oder verformt werden, wird heute in der Psychologie in dieser Absolutheit nicht mehr vertreten.

Wir wissen inzwischen, dass nicht nur unser Gehirn in gewissem Umfang lebenslang plastisch bleibt, d. h., es kann Neues lernen und Altes verlernen. Auch unser Selbst behält bis zum letzten Tag seine Lebendigkeit und damit auch seine Formbarkeit. Die »schlechte Kindheit« kann deshalb nicht als Erklärung für alle Missgeschicke, Probleme und Niederlagen dienen, die man im Leben erleidet.

Allerdings ist das Fundament, das in der Kindheit gelegt wird, von enormer Tragweite für unsere späteren Jahre. Weshalb? Weil

[8] Dieser Ausdruck kommt aus dem Englischen (»self«) und wird dem negativ gefärbten Ausdruck »Ego« vorgezogen.

sich in der Kindheit die Einstellung und das Verhältnis zur eigenen Person bilden – *als Spiegel* der Einstellung, die dem Kind von seiner Umwelt entgegen gebracht wird. Anders gesagt: Die Basis unseres Selbstbewusstseins bildet in jedem Fall die Wertschätzung oder Missachtung, die wir in unserer Kindheit durch unsere Umwelt erfahren haben.[9]

Auch Eltern waren einmal Kinder

Aus der Lektüre unzähliger Fachbücher und Biografien, aber auch aus meiner eigenen Beratungstätigkeit und Erfahrung ziehe ich die Schlussfolgerung: Alle Kinder brauchen wenigstens von Seiten *einer* Person so etwas wie bedingungslose Zuwendung, um Selbstannahme und Selbstachtung zu entwickeln – schließlich kommt niemand selbstbewusst auf die Welt. Andererseits leiden viele Erwachsene, die ich kenne, unter einem eher geringen oder zumindest nicht allzu ausgeprägten Selbstwertgefühl. Weshalb ist das so? Ein ganz entscheidender Grund dürfte sein, dass es im Umfeld der eigenen Kindheit keine Person gab, die zu dieser bedingungslosen Wertschätzung und Zuneigung in der Lage war – selbst wenn das Kind ein von Herzen erwünschtes und willkommenes Familienmitglied gewesen ist. Wie lässt sich dieser Mangel erklären?

Die einfachste Antwort lautet: Bedingungslose Zuwendung und Wertschätzung kann nur praktizieren, wer sie selbst erfahren hat.[10]

Frage an Sie, lieber Leser, liebe Leserin: Glauben Sie, dass Ihre Mutter oder Ihr Vater als Kind von einem oder beiden ihrer Eltern

[9] Vgl. das grundlegende Werk von Monika Reichelt, Die verletzte Seele – Über die Bedeutung des Selbstwertgefühls für unsere Persönlichkeitsentwicklung, München 1991.

[10] Oft steigt zwar das individuelle Selbstwertgefühl mit dem Alter an, doch dann ist das Entscheidende in der Erziehung der eigenen Kinder bereits geschehen. Auch kann das Selbstbewusstsein durch Seelsorge, Beratung oder Therapie nachhaltig gestärkt sein, doch auch diese Erfahrungen werden häufig erst in späteren Lebensjahren gemacht.

unbedingte Liebe und Wertschätzung erfahren haben? Wenn ja, wie kommen Sie zu dieser Überzeugung? Haben Sie Ihren Vater oder Ihre Mutter schon einmal gefragt, wie sie ihrerseits ihre Kindheit und Jugend erlebt haben? Wissen Sie, ob sich Ihre Eltern als Kinder von den eigenen Eltern so angenommen und wertgeachtet fühlten, dass daraus ein starkes Ich und ein stabiles Selbstwertgefühl entstehen konnten?

Meine Erfahrung ist, dass sehr wenige Menschen diese Fragen beantworten können. Sie wissen kaum etwas darüber, welchen Einflüssen, welchen Verletzungen und welchem emotionalen Druck ihre Eltern als Kinder ausgesetzt waren und wie sich dies alles auf ihr Selbstwertgefühl und ihre Selbstannahme ausgewirkt hat.

In meiner Zeit als Seelsorgerin in einem Alten- und Pflegeheim hatte ich die Gelegenheit, viele Angehörige beim Tod ihrer Mutter oder ihres Vaters nach der Kindheit des oder der Gestorbenen zu fragen. Es war oft erschreckend, wie wenig die Hinterbliebenen darüber zu sagen wussten! Offenbar hatten die Mutter oder der Vater von sich aus nicht viel erzählt – und die Kinder hatten, selbst als sie schon erwachsen waren, auch wenig gefragt. Ja, mir scheint, dass viele Erwachsene sich niemals wirklich klarmachen, dass auch ihre Eltern einmal *Kinder* waren – abhängig von der Zuneigung der Erwachsenen, geformt (oder verformt) durch deren Verhalten und Worte. Die von mir befragten Angehörigen wussten vielleicht etwas über die äußeren Umstände – ob die Mutter oder der Vater als Waise oder Halbwaise, mit einer Stiefmutter oder einem Stiefvater aufgewachsen war. Ob es Not und Armut oder Wohlstand und ein sorgenfreies Aufwachsen gegeben hatte. Man wusste durch Erzählungen der Eltern auch von manch einschneidendem Ereignis, vor allem infolge des Krieges oder anderer Katastrophen. Aber man wusste wenig von deren *Erleben* als Kinder und Jugendliche – von ihrem Innenleben sozusagen. Und am allerwenigsten wissen Erwachsene oft von den *seelischen Verletzungen*, die ihre eigenen Eltern als Kinder erlitten hatten. Oder wissen Sie bezüglich Ihres Vaters oder Ihrer Mutter etwas Genaueres darüber? Das wäre ungewöhnlich, weil die meisten Menschen der älteren (Kriegs-)Generation gar nicht gelernt haben, über ihr seelisches Erleben, ihre Bedürfnisse und Gefühle zu *reden.* Doch gerade die erlittenen seelischen Verletzungen werden höchstwahrscheinlich in irgendeiner Form an die eigenen Kinder und Partner weitergegeben – sofern man sie nicht rechtzeitig erkennt und aufarbeitet.

Einfaches Beispiel: Es lässt sich statistisch nachweisen, dass aus geschlagenen, gewalttätig behandelten Kindern mit großer Wahrscheinlichkeit schlagende und zu Gewalt neigende Partner und Eltern werden. Obwohl das Geschlagenwerden für sie eine tief verletzende Erfahrung war, ziehen sie, erwachsen geworden, daraus nicht die Konsequenz, ihren eigenen Nächsten solche Gewalt zu ersparen. Stattdessen verinnerlichen sie Gewalt als Mittel, um Macht auszuüben, Aggressionen abzubauen und Konflikte zu lösen, und wenden dieses Mittel auch in ihren eigenen Familien an. Das ist keine Spekulation, es sind traurige Tatsachen, die jeder langjährige Polizeibeamte oder Sozialarbeiter bestätigen kann.

So tragisch diese Weitergabe selbst erlittener Verletzungen an die eigenen Nächsten auch ist – der Teufelskreis kann nur durchbrochen werden, wenn Menschen eines Tages innehalten und sich fragen: »Was wurde mir als Kind da eigentlich zugefügt und zugemutet? Und was haben diese Erfahrungen mit mir und aus mir gemacht? Wie haben sie sich auf mein Selbstwertgefühl, meine Selbstachtung, meinen Umgang mit mir und anderen ausgewirkt?«

Doch viele Menschen kommen gar nicht auf die Idee, sich diese Fragen zu stellen. Aus diesem Grund halte ich es in den meisten Fällen für äußerst fragwürdig, wenn nicht gar unfair, den eigenen Eltern Vorwürfe zu machen: »Warum habt ihr mich nicht mehr geliebt? Warum habt ihr mir nicht mehr Anerkennung und Wertschätzung entgegengebracht? Warum habt ihr mich so oft kritisiert, in Frage gestellt, abgewertet ...?« Wer so fragt, geht davon aus, dass die Eltern ihr Verhalten und ihre Gefühle jederzeit willentlich steuern konnten und auch *ganz anders* hätten handeln können. Wer so fragt, unterstellt den Eltern darüber hinaus, dass sie sich dessen *bewusst* waren, was sie mit ihren Worten, ihrem Verhalten bei ihrem

Kind ausgelöst und bewirkt haben. Doch diese Annahme geht mit größter Wahrscheinlichkeit an der Wirklichkeit vorbei!

Wer von unseren Müttern und Vätern hatte denn die Gelegenheit, die eigene Kindheit und Jugend mitsamt der damit verbundenen Prägungen und Verletzungen bewusst und kritisch nachträglich zu betrachten und gar zu analysieren? Mit wem, unter wessen Anleitung, hätten sie dies tun können? Woher hätten sie das dazu notwendige geschulte Bewusstsein haben sollen, wo das ebenso notwendige verständnisvolle und einfühlsame Umfeld finden können?

Die Kriegs- und Nachkriegsgeneration – unsere heutigen Eltern und Großeltern – musste vor allem »funktionieren«, um zu überleben. Eigene Gefühle oder Bedürfnisse zu beachten war nicht gefragt und wurde dementsprechend nicht geübt. Ebenso wenig gab es in den meisten Fällen Raum, eigene, vielfach traumatische Erlebnisse und Erinnerungen aufzuarbeiten. Waren doch unsere Eltern oder die Eltern unserer Eltern oft zu sehr mit sich und den eigenen Erlebnissen (Krieg, Gefangenschaft, Flucht, Not, Verlust von Angehörigen, Besitz und Heimat) beschäftigt, um auch noch Energie für ihre Kinder und deren Nöte und Fragen aufzubringen. Diese Defizite haben viele der Kinder, als sie später selbst Eltern wurden, wiederum ihren eigenen Kindern mitgegeben. Erwachsen geworden, versuchten diese wiederum, möglicherweise sensibilisiert durch die Erziehungsdiskussionen der 60er und 70er Jahre, es bei ihren Kindern »besser zu machen«. Doch die dazu notwendigen Voraussetzungen waren und sind auch hier selten gegeben.

Nur was uns bewusst wird, können wir ändern

Wir alle bleiben auf irgendeine Art »gebunden an die ersten Lebensjahre, gebunden an die Familie, den Clan, die Sippe (...) Jede/r bleibt letztlich das Kind seiner/ihrer Eltern, auch wenn das schon lange her ist und die Eltern nicht mehr leben.«[11] Dazu passt, was die

[11] Zitiert in: Angela Seifert, Jetzt pack ich's an, Stuttgart 1999, S. 235

amerikanische Familientherapeutin Virginia Satir als Ergebnis ihrer 45-jährigen Arbeit festgestellt hat: dass nämlich der Unterschied zwischen einer für Kinder förderlichen und einer gestörten Familie im *Selbstwertgefühl* der Eltern und der anderen Familienmitglieder liegt.

Halten wir also fest: Das Gros der Erwachsenen leidet – auch heute noch! – gewiss nicht an einem Übermaß an gesundem Selbstwertgefühl. Ein Teil von ihnen spürt dies und versucht, nachträglich etwas dagegen zu tun. Doch der vermutlich weitaus größere Teil leidet zwar gelegentlich oder dauernd darunter, verdrängt oder ignoriert dieses Leid jedoch und kann deshalb auch keinerlei Abhilfemaßnahmen ergreifen. *Denn: Was mir nicht bewusst ist oder womit ich mich nicht auseinander setzen möchte, das kann ich auch nicht ändern.*

Zu welcher dieser beiden Gruppen würden Sie sich zählen?

- ▷ Gruppe 1: Ich bin mir meines geringen Selbstwertgefühls bewusst und versuche, mich nachträglich damit auseinander zu setzen und etwas dagegen zu tun.
- ▷ Gruppe 2: Ich habe mir darüber bisher noch keine Gedanken gemacht bzw. ich habe versucht, das Thema nicht an mich heranzulassen.

Selbstverständlich sind auch weitere Möglichkeiten denkbar. Häufig sagen mir Frauen oder Männer: »In manchen Lebensbereichen bin ich durchaus selbstbewusst, in anderen hingegen gar nicht.« Das ist normal, doch man sollte diese Bereiche genauer betrachten: Meistens handelt es sich um Leistungsbereiche, in denen wir uns sehr kompetent fühlen. Das sich darauf gründende Selbstbewusstsein (»In puncto ... macht mir keiner so schnell etwas vor!«) ist jedoch nicht mit einem stabilen »Grund-Selbstwertgefühl« zu verwechseln. Im Gegenteil – oft hängt das gesamte Selbstwertgefühl eines Menschen wie an einem seidenen Faden an seiner Leistungsfähigkeit in einem bestimmten Lebensbereich (Gesundheit, Jugendlichkeit, sportliche Fitness, sexuelle Potenz, beruflicher Erfolg, finanzieller Wohlstand, äußerlich harmonische Familie u. a.).

Manchmal weisen mich Männer oder Frauen auch darauf hin, dass ihr Selbstbewusstsein je nach Erfolgs- und Misserfolgserlebnissen, oft auch je nach Erfahrungen mit nahe stehenden Menschen stark schwankt. Auch dies ist nichts Ungewöhnliches, weist jedoch auf ein insgesamt eher schwaches und daher leicht schwankendes und labiles Grund-Selbstwertgefühl hin.

Allerdings zeigen neuere Forschungen, dass ein *rundum starkes* Selbstwertgefühl nicht nur ausgesprochen selten ist – es ist auch nicht ganz frei von Gefahren. Menschen, die zu sehr von sich überzeugt sind und ihre eigenen Grenzen, Schwächen und Defizite zu wenig im Blick haben, sind unter Umständen nicht nur selbstbewusst, sondern geradezu *selbstherrlich*. Ihnen fehlt so etwas wie der richtige Abstand zu sich, der sie die eigenen Fähigkeiten und Leistungen in realistischem Licht sehen lässt. Dies macht sie oft unfähig, aus ihren Fehlern, Enttäuschungen und Niederlagen zu lernen. Stattdessen suchen allzu Selbstbewusste – übrigens genau wie allzu wenig Selbstbewusste – mit Vorliebe die Schuld für ihre Probleme bei anderen.

Offenbar liegt auch hier das Ideal in der Mitte: Wer zu wenig innere Stabilität hat, lässt sich zu schnell von jedem Sturm erschüttern und von jedem Druck verbiegen. Wer jedoch zu viel Festigkeit hat, verliert umgekehrt leicht seine Sensibilität, seine Lernfähigkeit und seine Anpassungsbereitschaft an die Umwelt.

Wie hängen Selbstwertgefühl, Selbstbewusstsein und innere Antreiber zusammen?

Hier ist zunächst eine Begriffsunterscheidung notwendig: Als »Selbstwertgefühl« bezeichnet man die Überzeugung eines Menschen, unabhängig von aller Leistung ein wertvoller Mensch zu sein. Ein solcher Mensch weiß, dass er als Individuum eine Würde hat, die ihm niemand rauben kann. Ein solcher Mensch hat Freude an Arbeit und Leistung, aber er macht seine persönliche Bedeutung, seinen Wert als Mensch, nicht davon abhängig.

Unter »Selbstbewusstsein« verstehe ich darüber hinaus nicht nur die Achtung und Annahme der eigenen Person, sondern auch die Fähigkeit, sich die eigenen Gefühle, Gedanken, Ziele und Beweggründe bewusst zu machen und sich gegebenenfalls kritisch damit auseinander zu setzen. Selbstbewusstsein geht deswegen noch über das Selbstwertgefühl hinaus, weil es neben der Achtung seiner selbst auch das Nachdenken über sich selbst beinhaltet. Unser Selbstwertgefühl wurzelt sehr stark in der Kindheit – in der Art und Weise, wie wir geliebt wurden. Selbstbewusstsein hingegen ist kein Geschenk und fällt niemandem in den Schoß, sondern muss durch eigene gedankliche und emotionale Arbeit im Lauf des Lebens entwickelt werden.

Grundsätzlich gilt: Ein Mensch mit hohem Selbstwertgefühl und hohem Selbstbewusstsein wird weniger stark von inneren Antreibern gelenkt als ein Mensch mit geringem Selbstwertgefühl oder Selbstbewusstsein. Denn die inneren Antreiber sollen ja in der Regel dazu dienen, das eigene schwache Selbstwertgefühl zu erhöhen bzw. zu stabilisieren. Wenn es jedoch schon hoch oder stabil ist, sind die inneren Antreiber entbehrlich oder haben nur eingeschränkte Macht über uns.

Wer allerdings gelernt hat, sich *kritisch* mit den inneren Antreibern zu beschäftigen, wird ihnen nicht mehr so ausgeliefert sein wie ein Mensch, der niemals über sie nachdachte. Das ist das Ziel meines Buches.

Innere Antreiber und Lebensqualität

An dieser Stelle ist eine zusätzliche Unterscheidung angebracht: Innere Antreiber sind keinesfalls immer und ausschließlich negativ oder schädlich. Im Gegenteil: Da sie Triebfedern, Antriebskräfte sind, die uns Menschen in Bewegung setzen und in Bewegung halten, können sie als Zielgeber und »Energielieferanten« auch äußerst positive Wirkungen haben und Menschen zu großen Erfolgen verhelfen.

Ein Beispiel: Jemand hat als Kind im Elternhaus immer die Botschaft gehört »Aus dir wird nichts!« und sich irgendwann quasi als Trotzreaktion geschworen: »Euch beweise ich das Gegenteil!« Dieser innere Antreiber kann Kraft, Ehrgeiz und Ausdauer in ihm mobilisieren, so dass er irgendwann tatsächlich sein Ziel erreicht und sich voller Stolz sagen kann: »Ich habe es geschafft! Ich habe eure Prophezeiung widerlegt!«

Aber genau an diesem Punkt taucht auch das Problem auf: Kann ein solcher Mensch sich wirklich eines Tages zufrieden zurücklehnen und sagen: »Nun ist es genug – ich muss niemandem mehr etwas beweisen, ich kann jetzt ganz entspannt meinen Ehrgeiz ablegen, meine Anstrengungen reduzieren und mich auf die schönen bzw. wichtigeren Seiten des Lebens besinnen«? Die Erfahrung zeigt: Das scheint fast unmöglich zu sein. Diese Menschen bleiben eben doch zeitlebens »Getriebene« und können von ihrem einmal eingeschlagenen Kurs kaum mehr abweichen. Bei wie vielen sehr ehrgeizigen und erfolgreichen Geschäftsleuten, Managern oder Politikern lässt sich dies beobachten – sie können einfach nicht aufhören, sie können selbst im Alter nichts anderes tun als das, was sie immer getan haben. Sie werden natürlich behaupten, es mache ihnen einfach so viel Spaß, ihr Beruf sei ihr Hobby etc., aber wer genauer hinschaut, merkt wohl, dass sie ganz offensichtlich auch Getriebene sind, die gar nicht mehr anders können. Dies gilt meines Erachtens nicht nur für etliche Berufstätige, sondern auch für Menschen, die sich in »Freizeitstress« bringen, weil sie von einem Vergnügen zum anderen rennen, eine Reise nach der anderen buchen, ein kulturelles Ereignis nach dem anderen besuchen. Die Unrast und Unruhe, die Unfähigkeit zur äußerlichen Untätigkeit und echten Muße sind dabei das verräterische Signal.

Nicht die *äußeren Konsequenzen* unserer inneren Antreiber dürfen jedoch das entscheidende Kriterium sein, denn die können durchaus positiv und begeisternd, beeindruckend und für die

Menschheit von großem Nutzen sein. Das entscheidende Kriterium ist vielmehr die damit verbundene geistig-emotionale Befindlichkeit, die Lebensqualität des betreffenden Menschen. Und Lebensqualität beruht nun einmal nicht in erster Linie auf Prestige und Erfolg, sondern Lebensqualität ist, wie bereits gesagt, Beziehungsqualität. Wer hingegen zu sehr Sklave seiner inneren Antreiber ist, kann seinen Beziehungspartnern, es seien Eltern, Kinder, Partner, Freunde und Freundinnen, selten oder nie das geben, was jene brauchen oder wünschen – zumindest nicht in dem Maß, wie diese es sich wünschen. Nicht, weil er seine Nächsten nicht liebt, das ist nicht das Motiv. Der Grund liegt tiefer: Für einen anderen Menschen da sein setzt eine Freiheit voraus, die der Getriebene nicht hat. Er *kann* sich anderen Menschen nicht widmen oder hingeben, er kann sich auch nicht sich selbst widmen, weil er Gefangener seiner inneren Antreiber ist.

An dieser Stelle wird allerdings auch deutlich, dass die Bezeichnung »innere Antreiber« möglicherweise an manchen Stellen zu einseitig und daher missverständlich ist. Denn oft sind diese inneren Antreiber auch *innere Barrieren*, die uns eingeimpft wurden. Auch sie engen unseren Handlungsspielraum drastisch ein: »Du darfst auf gar keinen Fall ...« – »In unserer Familie macht man so etwas nicht!« – »Es wäre furchtbar, wenn du ...« – »Denk an die Schande in der Öffentlichkeit, wenn ...« sind solche Leit- und Glaubenssätze, die uns, wie wir noch sehen werden, gleichzeitig antreiben *und* massiv einschränken.

Machen wir uns nochmals klar: Je schwächer Selbstachtung und Selbstwertgefühl entwickelt sind, desto wichtiger werden die Möglichkeiten, durch irgendeine Form von Leistung Anerkennung zu bekommen. Wenn ein Kind nicht in der Weise gesehen, geliebt und anerkannt wurde, wie es das gebraucht hätte, so »wird dieser Mensch in seinem späteren Leben immer wieder versuchen, das so nötige Gesehenwerden zu erreichen«.[12] Die individuellen Wege dorthin werden von den inneren Antreibern vorgebahnt.

[12] Angela Seifert, Jetzt pack ich's an, Stuttgart 1999, S. 117.

Warum innere Antreiber so mächtig sind – acht Thesen

Die vielfältigen Gründe, weshalb die inneren Antreiber eine so mächtige und prägende Kraft in jedem Menschen sind, möchte ich in acht Thesen zusammenfassen:

1. Die inneren Antreiber wurzeln in der Kindheit und sind uns in den seltensten Fällen bewusst. Hinter ihnen stehen menschliche Grundbedürfnisse, deren wir uns ebenfalls nicht bewusst sind. Das macht ihren Einfluss so unbeschränkt.

2. Die inneren Antreiber sind stark von Sorge, ja Angst motiviert – Angst vor Versagen und Scheitern, vor Missachtung und Liebesentzug, vor Scham und Schuld, vor Bedeutungslosigkeit und dem Zu-kurz-Kommen. Diese Angst ist ein mächtiges Motiv, das man durch »Vernunft« oder Willensanstrengung allein nicht in den Griff bekommt oder gar überwindet.

3. Die inneren Antreiber stimmen häufig mit den Idealen und Zielen unserer Umgebung bzw. der Gesellschaft überein. Dies hält uns davon ab, unser Handeln und unsere Motive kritisch zu hinterfragen, führt jedoch häufig zu Resultaten, die von unserer Umwelt anerkannt, bewundert und belohnt werden.

4. Selten fragen uns andere Menschen von sich aus nach den tieferen Beweggründen für unser Handeln, denn das gilt als »indiskret«. Dadurch haben wir wenig Anregung, über unser Verhalten und über unsere Einstellungen, Ziele und Beweggründe nachzudenken.

5. Die inneren Antreiber beruhen sehr häufig auf der Illusion des »Wenn ... dann«, zum Beispiel: »Wenn ich das erreiche, dann werde ich mit mir zufrieden sein«, oder: »Wenn ich mich so verhalte, werde ich Anerkennung und Liebe bekommen.« Solche Hoffnungen spornen uns unentwegt an und versorgen unsere inneren Antreiber mit der notwendigen Energie.

6. Falls wir doch erkennen, dass unsere inneren Antreiber im Widerspruch stehen zu unseren bewussten Einstellungen und Überzeugungen, so erzeugt dies eine Spannung in uns. Wir reduzieren diese Spannung, indem wir die inneren Antreiber nach Möglichkeit in unser Unterbewusstsein verdrängen. Das macht die ehrliche Auseinandersetzung mit ihnen besonders schwierig.

7. Innere Antreiber wirken wie ein Filter in unserer Sympathie anderen Menschen gegenüber. Deswegen wenden wir uns meist nur jenen Menschen zu, die ähnliche Ziele und Werte wie wir selbst verfolgen. Das Sprichwort »Gleich und gleich gesellt sich gern« ist, sowohl was Partnerschaften als auch Freundschaften betrifft, langfristig zutreffend. Es ist darüber hinaus erwiesen, dass Menschen, je älter sie werden, desto mehr das ihnen Vertraute und Ähnliche bevorzugen, um ihr emotionales und seelisches Gleichgewicht nicht zu gefährden. Damit werden Veränderungen des eigenen Lebenskurses mit zunehmender Lebensdauer immer unwahrscheinlicher.

8. Die Problematik der inneren Antreiber besteht in erster Linie darin, dass sie eine der Hauptursachen für Stress, Unzufriedenheit und dauernde innere Anspannung sind. Der Druck, der von inneren Antreibern ausgeht, verhindert Entspanntheit, Spontaneität, Freude, Genussfähigkeit und Gelassenheit. Sie machen den Menschen – ob christlich orientiert oder nicht – in seinem Denken und Handeln unfrei.

Fazit: Unsere inneren Antreiber haben einen kaum zu überschätzenden Einfluss:

▷ auf unseren Umgang mit uns selbst;
▷ auf unsere Lebensführung;
▷ auf unsere Beziehungen zu unseren Mitmenschen und zu Gott.

Diese drei bzw. vier Bereiche bilden meines Erachtens die Basis eines sinnerfüllten Lebens. Besonders für Christen besteht die große Gefahr, dass ihre inneren Antreiber zu einer Kluft führen zwischen ihrem Reden und Handeln, zwischen der Theorie und der Praxis ihres Glaubens. Das sollte Grund genug sein, sich intensiv mit diesen Antreibern zu befassen und sich, soweit möglich, mit Gottes Hilfe von ihrer Macht Schritt für Schritt zu befreien.

Nochmals: Nur wer sich mit sich selbst auseinander setzt – mit seinen Gedanken, Gefühlen, Bewertungen, Zielen, Maßstäben, Antreibern usw. –, kann sich ändern. Diese Veränderung zeigt sich in wachsender Freiheit, sagt Jesus: »Ihr werdet die Wahrheit erkennen, und die Wahrheit wird euch frei machen« (Johannes 8,32).[13] Freiheit wovon, Freiheit wozu? Darauf werde ich an anderer Stelle noch zurückkommen.

[13] Vgl. auch die Erfahrung, die der Apostel Paulus nach seiner Hinwendung zu Jesus Christus machte: »Wo der Geist des Herrn ist, da ist Freiheit« (2. Korinther 3,17).

6. Neun häufige innere Antreiber

Du kannst wählen zwischen der Wahrheit und der Ruhe, aber beides zugleich kannst du nicht haben.

RALPH WALDO EMERSON

Die im Folgenden aufgeführten inneren Antreiber sind nur eine beschränkte Auswahl der meines Erachtens besonders häufig anzutreffenden Antreiber. Es ist nicht notwendig, sie alle zu lesen. Stattdessen empfehle ich der Leserin/dem Leser, nur jene anzuschauen, in denen er sich selbst – oder eine für ihn wichtige Person seiner Umgebung – wieder findet.

6.1. »Sei perfekt und mach keine Fehler, denn Fehlermachen ist schlimm!«

Ein Kind weiß nicht, was ein Fehler ist. Da die Welt für ein Neugeborenes vollkommen fremd und unbekannt ist, kann es nur »drauflos«-experimentieren – und schauen, was passiert. Dabei ist es dem Kind nicht möglich, in Kategorien wie »richtig« oder »falsch« zu denken. Kein Kind hat deshalb Angst, etwas »falsch« zu machen – bis die Erwachsenen anfangen, ihm beizubringen, dass es auch »falsches« Verhalten gibt.

Diese Orientierung ist notwendig, um das Kind vor Gefahren zu schützen und es auf das Leben in der Gesellschaft vorzubereiten. Doch die Frage ist, *wie* die Eltern auf Fehler reagieren. Diese Reaktionen sind entscheidend dafür, ob die natürliche Experimentierfreude des Kindes – und damit sein Selbstvertrauen – gefördert oder gehemmt wird.

Kleine Kinder finden es nicht allzu tragisch, sondern allenfalls ärgerlich, wenn ihnen ein Missgeschick passiert. Sie besitzen eine Unbefangenheit, die sie im Lauf des Älterwerdens immer mehr verlieren. Man kann sagen: Die ursprüngliche Unbekümmertheit des Kindes gegenüber Fehlern wandelt sich im Lauf der Kindheit häufig zu einer tief verwurzelten »Fehlerfurcht«. Hierzu leistet auch unser Schulsystem einen entscheidenden Beitrag. Um nicht missverstanden zu werden: Natürlich mussten wir als Kinder lernen, dass es für jedes Wort in der Regel eine korrekte Schreibweise und für jede Rechenaufgabe eine korrekte Lösung gibt. Natürlich mussten uns Fertigkeiten wie Genauigkeit, exakte Wiedergabe und aufmerksames Hinhören oder Hinschauen beigebracht werden – und dementsprechend müssen Fehler auch als solche bezeichnet werden. Worum es mir jedoch geht, ist die Frage, wie unsere Fehler sozusagen moralisch bewertet wurden.

Welche Aussagen bezüglich unseres Wertes waren in den Reaktionen der Erwachsenen bewusst oder unbewusst enthalten? Welche Gefühle wurden uns als Kind damit übermittelt oder in uns ausgelöst? Tatsache ist: Je häufiger wir in der Kindheit die Erfahrung machten, dass schlechte Leistungen, Fehler oder Fehlverhalten dazu führten, dass unsere ganze Person abgewertet oder in Frage gestellt *wurde* (»Wie kann man sich nur so dumm anstellen!« – »Du bist doch zu nichts zu gebrauchen!«), desto mehr entwickelten und verinnerlichten wir möglicherweise den Antreiber: »Sei möglichst perfekt! Mach keine Fehler!« Denn wir fühlten: Nur wenn wir dieses Ziel erreichen, durften wir stolz auf uns sein, durften wir uns Hoffnung machen, von unseren Bezugspersonen uneingeschränkt wertgeschätzt zu werden.

An dieser Stelle würden sicherlich die meisten unserer Mütter und Väter protestieren: »Aber natürlich habe ich mein Kind auch dann geliebt, wenn ich ihm Fehler vorhielt oder es kritisierte!« Die Frage ist nur: Haben wir es als Kinder gespürt, dass wir uns die Liebe unserer Eltern nicht verdienen mussten und dass diese Liebe bei aller Kritik und allem Tadel absolut bedingungslos war und von uns nicht »verscherzt« werden konnte?

Oder war es eher so, wie eine 42-jährige Frau zu mir sagte: »Wenn ich zurückdenke, so habe ich eigentlich die Liebe meiner Eltern immer als eine Ja-aber-Liebe empfunden ...« Man darf nicht vergessen: Kinder spüren, ob sie von ganzem Herzen oder »mit Müh und Not« akzeptiert werden. Sie spüren, ob sie willkommen sind oder nicht, ob sie den Eltern eine Last oder eine Freude sind. Kurz gesagt: Sie spüren, ob hinter dem »Ja« der Eltern immer ein großes »Aber« steht: »Ja, ich liebe dich, aber wenn du artiger wärst ... aber wenn du mir weniger Arbeit machen würdest ... aber wenn du ein Junge wärst ... aber wenn du nicht so viel von deinem Vater hättest ... aber wenn du intelligenter wärst ... aber wenn ich stolzer auf dich sein könnte ... aber wenn du mich weniger enttäuschen würdest ... – dann, ja dann würde ich dich noch *viel mehr* lieben.«

Da Kinder auf die Liebe der Eltern existenziell angewiesen sind, haben sie keine andere Wahl, als sich nach deren Bedingungen zu richten. Im Erwachsenenalter ändert sich dies, andere Menschen treten als primäre Bezugspersonen möglicherweise an die Stelle der Eltern; und doch bleibt der innere Antreiber davon unbeeinflusst. Er ist uns ja in der Regel nicht bewusst – also können wir ihn auch nicht kritisch hinterfragen oder uns gar von ihm befreien.

Wichtig und notwendig wäre deshalb eine Einstellung, die dem Kind – ebenso wie dem Erwachsenen – vermittelt:

- ▷ Fehler zu machen ist normal und gehört zu einem mutigen Leben. Aus Fehlern kann man viel lernen. Viele große Entdeckungen beruhen darauf, dass Menschen etwas Neues probiert und dabei auch gewagt haben, Fehler zu machen. Und weil sie trotz Fehlern und Niederlagen nicht aufgegeben, sondern weitergemacht haben.
- ▷ Kritik am Verhalten hat nichts mit der Wertschätzung der Person zu tun. Grundsätzlich gilt: »Ich liebe dich brutto, nicht netto.« Das heißt: mit deinen Stärken *und* deinen Schwächen, deinen Gaben *und* deinen Defiziten. Du kannst meine Liebe durch kein Scheitern oder Versagen aufs Spiel setzen – höchstens meine Geduld oder mein Verständnis.
- ▷ Du kannst es dir leisten, Fehler einzugestehen. Starke Menschen versuchen nicht, Fehler zu vertuschen oder gar die Schuld bei anderen zu suchen.

Wie aber wirkt sich der innere Antreiber »Sei perfekt! Mach möglichst keine Fehler!« auf unser Verhältnis zu uns selbst, zu unseren Mitmenschen und nicht zuletzt zu Gott aus? Zunächst muss man sich klarmachen: Hinter diesem inneren Antreiber steckt das Bedürfnis nach Anerkennung und Wertschätzung. (Allerdings übersehen Perfektionisten, dass es auf ihre Umwelt ganz sympathisch wirkt, wenn man nicht vollkommen ist.) Gerade unter Christen findet man häufig Menschen, die ungewöhnlich hohe Erwartungen an sich selbst stellen und sehr hart mit sich umgehen. In der Regel wurzelt dieser Rigorismus in Verletzungen und Überforderungen aus der Kindheit. Auch ein gesetzliches und damit leistungsorientiertes Verständnis der Bibel oder des Glaubens kann eine große Rolle spielen. Grundsätzlich gilt:

- Wer nicht gelernt hat, sich selbst als Mensch zu akzeptieren, der auch Fehler macht, wird niemals zu echter Selbstliebe in der Lage sein. Stattdessen wird er sich selbst immer nur mit Einschränkungen und unter Vorbehalten annehmen. Eine solchermaßen gebrochene und zwiespältige Selbstannahme wiederum hat elementare Auswirkungen auf unsere Fähigkeit, *andere* Menschen *so, wie sie sind*, nämlich in ihrer Unvollkommenheit, anzunehmen. Wo dies nicht gelingt, können auch Enttäuschungen und Verletzungen nicht oder nur schwer vergeben werden. Auch unter Christen herrscht nicht selten eine von unausgesprochener Kritik und unvergebenen Verletzungen geprägte Form der »Nächstenliebe«. Doch anstatt darüber zu reden, wird das Problem verdrängt.
- Unser Gottesbild spiegelt in weiten Teilen die religiösen Einflüsse wider, in denen wir aufgewachsen sind, erzogen wurden oder unsere geistliche Heimat gefunden haben. Darüber hinaus – und das ist vielen Menschen, ob gläubig oder weniger gläubig, nicht bewusst – spiegelt unser Gottesbild jedoch auch unser Bild von uns selbst wider.[14] Überspitzt formuliert könnte man sagen: »Sa-

[14] Häufig fließen auch Anteile des eigenen Vaters oder der eigenen Mutter in das Gottesbild ein.

ge mir, wie du dir Gott vorstellst, und ich sage dir, was für ein Verhältnis du zu dir selbst hast.« Mit anderen Worten: Unser Gottesbild wirkt prägend auf unser Selbstbild – und unser Selbstbild wirkt auch prägend auf unser Gottesbild. Beides beeinflusst sich gegenseitig.

Konkret bedeutet das: Für einen Menschen, der keine bedingungslose Annahme seiner Person erlebt hat und sich auch im Erwachsenenalter nicht in all seiner Unvollkommenheit akzeptieren kann, ist es kaum vorstellbar, dass Gott bereit wäre, ihn in seinem defizitären Zustand anzunehmen, beladen mit Sünden und Schuld. Obwohl der Glaube an den Opfertod Jesu (»Jesus starb für meine Schuld«) von außen gesehen einen Ausweg aus der Selbstablehnung anbietet, zeigt die Erfahrung, dass die unbewusste Selbstablehnung davon wenig beeinflusst wird. Es ist sogar eher unwahrscheinlich, dass sie sich in echte, tiefe Selbstliebe im Sinne einer umfassenden, freudigen Selbstakzeptanz verwandelt.

Weshalb, ist nicht schwer zu erklären: Hinter dem jahrelang gewachsenen Selbstbild (»Es gibt so vieles, was ich falsch mach(t)e ...«) steht eine große Zahl an konkreten Erfahrungen im Umgang mit unseren wichtigsten Bezugspersonen. Dadurch wurde das eigene negative Selbstbild emotional tief verankert inklusive der entsprechenden inneren Antreiber. Diese alten Gefühle und Erfahrungen bestimmen in jedem Fall unser Verhalten weit stärker als neue Gedanken und Überzeugungen. Immer wieder die menschliche Sündhaftigkeit zu betonen *fördert* darüber hinaus geradezu ein negatives Selbstbild – auch wenn die »Lösung« (Sühnetod Jesu) gleich mitgeboten wird.

Die Folge: Der Glaube an den »barmherzigen und gnädigen Gott« führt nicht automatisch zu einem »barmherzigen und gnädigen« Verhältnis zur eigenen Person und ihren Defiziten; stattdessen bleibt der innere Antreiber »Mach keine Fehler! Sei perfekt!« davon häufig weitgehend unberührt.

Sich keinen Fehler gestatten, sich keinen Fehler verzeihen

ist weit schlimmer,
als Fehler zu haben
und mit Zweifeln zu leben.
Sich keinen Fehler gestatten
macht unbarmherzig –
und gestattet selbst Gott nicht die Freude,
barmherzig zu sein.

Kyrilla Spiecker

Impulse aus den Erzählungen über Jesus

Jesus selbst war, das fiel seinen Zeitgenossen schon bald auf, ausgesprochen nachsichtig im Umgang mit Menschen, die Fehler gemacht hatten, ja, die Gott und Menschen gegenüber schuldig geworden waren. Was jedoch den wenigsten Bibellesern auffällt, ja, was viele Christen kaum für möglich halten, lässt sich anhand der vier Evangelien leicht nachprüfen: Jesus hat in seinen Einzelbegegnungen mit Menschen niemals *von sich aus* das Thema ihrer Sünde oder Schuld in den Mittelpunkt gerückt – obwohl er es auch niemals verharmloste.[15]

Mit einer Ausnahme: Ein Gelähmter wurde zu ihm gebracht, damit er ihn heile. Statt seine Krankheit zu heilen, sagt Jesus zuerst zu ihm: »Dir sind deine Sünden vergeben« (Matthäus 9,1-8). Selbst hier fällt auf, dass Jesus sich bei den Sünden des Mannes überhaupt nicht aufhält – er spricht sie nur an, um sie im gleichen Atemzug zu vergeben. Es ist zu vermuten, dass es Jesus in diesem Fall jedoch vor allem darum ging, seinen Anspruch deutlich zu machen, der von Gott Gesandte und Bevollmächtigte zu sein. Möglicherweise sah er

[15] Auch im Gespräch mit der Frau am Jakobsbrunnen in Johannes 4 sagt Jesus der Frau zwar auf den Kopf zu: »Fünf Männer hast du gehabt, und der, den du nun hast, der ist nicht dein Mann, das hast du richtig gesagt!« (Vers 18), aber er wirft ihr diesen Lebenswandel nicht explizit als Sünde vor – das lesen fromme Christen lediglich sofort hinein bzw. heraus! Wie abwegig diese Deutung ist, zeigt sich daran, dass die Frau ins Dorf lief und *begeistert* von Jesus erzählte – das tun Menschen, denen ihre Sünde vorgehalten wird, ganz sicher nicht.

auch einen Zusammenhang zwischen der Krankheit und der unvergebenen Schuld des Gelähmten (es gibt psychisch bedingte Lähmungen), doch beide Deutungen sind Spekulation. Auf jeden Fall muss der Kranke *keinerlei Bedingungen erfüllen* (er muss nicht einmal seine Schuld bekennen!), damit Jesus ihm seine Schuld vergibt![16]

▷ In allen anderen Fällen von Krankenheilung, die uns in den Evangelien berichtet werden, spielt das Thema »Sünde und Schuld« keine Rolle. Im Gegenteil: Als angesichts eines Blindgeborenen die Jünger Jesus fragten, wer denn gesündigt habe, der Blinde oder seine Eltern, antwortete Jesus kurz und bündig: »Weder er noch seine Eltern, sondern es sollen Gottes Werke an ihm offenbart werden« (Johannes 9,3).

▷ Auch die Menschen, die Jesus gezielt kennen lernen oder ihm nachfolgen wollten, wurden von Jesus – so ist es überliefert – niemals auf ihre Schuld angesprochen.[17] Was aber hat Jesus stattdessen bei seinen Reden und Dialogen mit den Menschen in den Vordergrund gestellt? Es war der Aufruf zum unbedingten Vertrauen in den Vater, zur bewussten Hingabe und zur radikalen Entscheidung, ihm, Jesus, nachzufolgen.

Fazit: Jesus nahm keinen Anstoß daran, dass Menschen immer wieder Fehler machen, immer wieder Falsches tun und schuldig werden. *Schuld stand nicht im Zentrum der Beziehungen Jesu zu seinen Mitmenschen.* Dies bedeutete nicht, dass er Sünde, Schuld und Fehlverhalten billigte. Was Jesu entschiedenen *Zorn* erregte, war jedoch nicht die Tatsache, dass wir Menschen immer wieder aneinander schuldig werden. Stattdessen war es die unausrottbare menschliche Neigung, die Schuld immer nur bei anderen zu sehen, sowie der Versuch, eigene Sünden zu bagatellisieren oder zu vertuschen.

[16] Siehe auch S. 100.
[17] Siehe die Begegnung mit Zachäus, S. 116.

Jesus reagierte darauf deshalb so hart, weil er genau wusste: Nur wenn wir zu dem *stehen,* was wir getan haben, können wir es auch hinter uns lassen, anstatt innerlich dabei stehen und daran haften zu bleiben. Diese Aufrichtigkeit war das Ziel Jesu, wenn er zur Buße aufrief – ein Wort, das man am treffendsten als »Abkehr« von etwas übersetzen kann.

Natürlich wusste Jesus, dass man sich von manchem Fehlverhalten *immer wieder* abwenden muss – es ist nicht mit einer einmaligen Reue und Abkehr getan. Deshalb forderte er uns Menschen auf, einander auch dann noch zu verzeihen, wenn der andere mit seiner menschlichen Schwäche uns immer wieder enttäuscht oder verletzt: »Und wenn dein Bruder siebenmal am Tag an dir sündigen würde und siebenmal wiederkäme zu dir und spräche: Es tut mir Leid!, so sollst du ihm vergeben« (Lukas 17,4). Gott macht es nämlich ebenso!

6.2. »Du bist so viel wert, wie du leistest«

Wie reagieren wir auf »ungenügende« Leistungen unserer Kinder? Wie vermitteln wir ihnen, dass wir sie lieben, auch wenn sie unseren Erwartungen in mancher Hinsicht nicht entsprechen?

Ich denke an eine mir bekannte Familie mit drei Töchtern. Die älteste und die jüngste Tochter sind hochintelligent, so dass der Weg zum Gymnasium selbstverständlich ist, die mittlere Tochter – ein ansonsten fröhliches, normales Kind – tat sich von Anfang an schwer in der Schule. Nach der Grundschule kam für sie nicht einmal die Realschule in Betracht, sondern nur die Hauptschule. Schafften es die Eltern – beide mit Abitur, die Mutter mit Hochschulausbildung –, dieses Kind genauso zu lieben wie die beiden anderen? Und wenn ja: Wie machten sie das dem Kind deutlich? Das ist die entscheidende Herausforderung, an der viele Eltern schlichtweg scheitern. Denn vielen Eltern gelingt es nicht, die durchaus notwendige Kritik an der Sache – z. B. fehlender Fleiß oder fehlende Gewissenhaftigkeit des Kindes – so anzubringen, dass sich das Kind dennoch in seiner Persönlichkeit insgesamt angenommen und geliebt fühlt. Die Reaktion der Eltern auf Leistungsmängel wird von dem Kind stattdessen so interpretiert: »Wenn ich die erwarteten Leistungen bringe, bin ich ein wertvoller und liebenswerter Mensch – wenn nicht, dann nicht.«

Eine Frau erzählte mir: »Wenn ich an meine Kindheit und besonders das Verhältnis zu meiner Mutter zurückdenke – mein Vater war die Woche über wenig präsent –, dann fällt mir vor allem auf, dass ich eigentlich unablässig bemüht war, mir durch besondere Aktivitäten die mütterliche Liebe und Aufmerksamkeit zu ›verdienen‹. Wie viel Energie habe ich darauf verwandt, mir ›Leistungen‹ auszudenken, die mir ein freundliches Wort, eine kurze besondere Aufmerksamkeit meiner Mutter einbrachten! Und doch blieb immer diese tiefe Unsicherheit: ob sie mich wohl wirklich liebt.«

Fast immer lässt sich bei solchen Kindheitserfahrungen voraussagen, dass sich die betreffende Person in späteren Jahren entweder sehr wenig zutrauen wird oder dass sie einen ausgesprochen starken Geltungsdrang bzw. Ehrgeiz entwickelt, um sich in irgendeinem Lebensbereich (häufig dem Beruf) hervorzutun. Die Erfahrung »Je mehr ich leiste, desto mehr Anerkennung bekomme ich, desto wertvoller bin ich folglich« sitzt bei diesen Menschen sehr tief.

Selbstverständlich ist es wichtig, Kinder zu einer gewissen Leistungsbereitschaft und Selbstdisziplin zu erziehen und sie nicht für banalste Aktivitäten zu loben, als ob es sich um echte Leistungen handelt. Übertriebenes Lob für alles und jedes führt dazu, dass Kinder kein Gefühl für echte Leistung entwickeln und frühzeitig in unrealistische Selbstüberschätzung verfallen, die sie sich nur unter großen seelischen Erschütterungen wieder abgewöhnen können.

Es geht darum zu lernen, die Anerkennung einer Leistung vom *Wert* einer Person zu unterscheiden. Wie ist dies möglich? Indem wir den von uns geliebten oder geschätzten Menschen nicht nur dann Anerkennung aussprechen, wenn sie etwas Positives *tun*, sondern sie auch dafür anerkennen, *wie sie sind:* dass sie da sind und durch ihr Dasein unser Leben bereichern!

Dies ist ganz und gar nicht selbstverständlich. Der amerikanische Psychologe Marshall B. Rosenberg erzählt, dass er einmal seinen dreijährigen Sohn fragte, ob er wüsste, warum der Papa ihn lieb hat. »Weil ich nicht mehr in die Windeln mache?« – »Aber nein, das ist zwar prima, aber doch nicht deswegen!« – »Weil ich das Essen nicht mehr auf den Boden schmeiße?« – »Das finde ich zwar auch klasse, aber das ist doch nicht der Grund, warum ich dich lieb habe!« Seinem Sohn fiel nichts mehr ein. Schließlich sagte Rosenberg: »Na ja, ich liebe dich halt einfach, ich liebe dich, weil du du bist!« Sein Sohn fragte mit leuchtenden Augen: »Papa, dann hast du mich lieb, weil ich ich bin?« – »Ja, genau.« Rosenberg fügt hinzu: »In den nächsten zwei Tagen hat er mich beinahe in den Wahnsinn getrieben. Er kam alle zehn Minuten angerannt: ›Papa? Du hast mich lieb, weil ich ich bin!‹«[18]

Auf meinen Vorträgen frage ich die Menschen oft: »Wer von Ihnen wurde für gute Leistungen gelobt?« Fast immer können viele Zuhörer mit entsprechenden, wenn auch oft spärlichen Erinnerungen aufwarten. Dann frage ich weiter: »Und wer von Ihnen bekam Lob und Anerkennung hin und wieder auch unabhängig von irgendeiner Leistung?« Die verwunderte Gegenfrage an mich lautet dann oft: »Ja, für was soll man denn sonst noch anerkannt werden?« Ich antworte dann: »Zum Beispiel dafür, dass man so ist, wie man ist. Oder dass man bestimmte liebenswerte Wesenszüge hat. Oder jemand sagt zu Ihnen: ›Ich freue mich, dass es dich gibt. Ohne dich wäre mein Leben viel ärmer!‹« – Die erstaunten Blicke ebenso wie die Rückmeldungen zeigen mir: Es war und ist selten, dass Menschen so etwas zu hören bekommen. Stattdessen gilt das auch in Partnerschaften weit verbreitete, aber höchst gefährliche Motto: »Das (Gute) ist doch selbstverständlich! Das bedarf doch keiner besonderen Erwähnung!« Eine solche Haltung führt dazu, dass das Positive stillschweigend zur Kenntnis genommen und nur das Negative angesprochen wird. Wenn ich in meiner schwäbischen Heimat dieses Ungleichgewicht erwähne, schallt mir unweigerlich aus

[18] Marshall B. Rosenberg, a. a. O., S. 103f.

dem Publikum das Sprichwort entgegen: »Net gschempft isch g'nug g'lobt!« Ich mache die fröhlichen Menschen, die mir dies zurufen, dann darauf aufmerksam, dass die Haltung, die sich in diesem Sprichwort kundtut, sehr negative, für unsere Beziehungen letzten Endes verheerende Konsequenzen hat: In Gemeinschaften, wo das Anerkennenswerte und Positive am Gegenüber nicht *genauso deutlich* angesprochen oder zum Ausdruck gebracht wird wie das Negative oder Tadelnswerte, entsteht bald ein vergiftetes Klima gegenseitiger Missachtung und Geringschätzung: Die Frustration wächst immer mehr, und die Liebe und Freude aneinander drohen zunehmend zu ersticken.

Doch zurück zum Lob für Leistung: Wie oft habe ich es bei alten Menschen erlebt, dass ihr Selbstwertgefühl in dem Moment in sich zusammenbrach, als sie sich nicht mehr »nützlich« machen konnten. »Jetzt kann ich nichts mehr arbeiten, jetzt habe ich keinen Wert mehr!« – so oder anders formulierten es manche verzagt und verzweifelt. Ebenso ist der Schock der – womöglich noch vorzeitigen und unfreiwilligen – Pensionierung bei vielen Menschen nichts anderes als eine (verständliche) Identitätskrise, die sich in dem Moment einstellt, in dem man sich und seinen Wert nicht mehr über seine berufliche Leistung definieren kann.

Auch hinter dem inneren Antreiber »Du bist so viel wert, wie du leistest« steht das Bedürfnis nach Zugehörigkeit, Liebe, Anerkennung.

Wie wirkt sich diese Abhängigkeit des Selbstwertgefühls und der Selbstannahme von unserer Leistungsfähigkeit auf unser Christsein aus? Mehrere Konsequenzen sind möglich:

- Wir werden uns selbst auch als Christen nach unserer Leistungsfähigkeit beurteilen – und zwar entsprechend den Kriterien dieser Welt. Ebenso werden wir über andere urteilen. Oft schon ist mir aufgefallen, wie getreulich weltliche Wertmaßstäbe von Christen übernommen werden, beispielsweise indem in Kirchen und Gemeinden »Ranghohe« (»Herr Pastor«) automatisch aufmerksamer und mit größerer Wertschätzung behandelt werden als »Rangniedere« (man denke nur an Verabschiedungen!). Ebenso fällt mir auf, dass christliche Prominente von ihrem Recht auf Sonderbehandlung – beispielsweise bei Veranstaltungen immer Plätze in der ersten Reihe einzunehmen – meist ganz selbstverständlich Gebrauch machen.

- Wir werden auch unser Verhältnis zu Gott unbewusst über eine Form der Leistung definieren, denn warum sollte ausgerechnet Gott – die moralische Instanz schlechthin – uns *unabhängig* von aller Leistung anerkennen und akzeptieren? Häufig geht damit die ebenfalls unbewusste Erwartung der entsprechenden »Gegenleistung« Gottes einher (z. B. in Form von Gesundheit, Glück und Wohlergehen).
- Da wir andererseits von der Bibel wissen, dass »Jesus die Sünder annimmt«, kommt in unser Gottesverhältnis so etwas wie eine Ambivalenz: Vom Kopf und Verstand her glauben wir etwas anderes, als wir von unseren Erfahrungen, unserem Herz her, leben.

Eine in immer mehr Lebensbereiche vordringende Variante der Leistungsorientierung, die ich kurz ansprechen möchte, ist der »Beschleunigungswahn«. Damit meine ich die Neigung, sich bei allem, was man macht, unter den Druck zu setzen, es möglichst schnell zu tun. Auf innere und äußere Rhythmen zu achten hat keinen Raum mehr, was unweigerlich über kurz oder lang in Stress und stressbedingte körperliche Probleme mündet. Meines Erachtens steckt eine Art unbewusster Leistungsdruck dahinter, dass wir die Maxime »Zeit sparen« auf so viele Tätigkeiten und Beschäftigungen unseres Lebens anwenden. Langsamer und entspannter verrichtet, würden wir uns eine Menge Stress ersparen und mehr Lebensqualität gewinnen.[19]

Diese Form des Leistungsdrucks ist verbunden mit der geheimen Überzeugung vieler Zeitgenossen, dass nur »unwichtige« Men-

[19] Inzwischen gibt es kleine Gegenbewegungen wie den Verein »Slowfood«, der sich Essen mit Genuss auf seine Fahnen geschrieben hat. Doch die Bereitschaft zur »Entschleunigung« verlangt ein hohes Maß an Selbstbeobachtung sowie Energie, gegen den Strom zu schwimmen. Vgl. hierzu Ilse E. Plattner, Zeitstress, München 1993, und Peter Heintel, Innehalten, Freiburg 1999, sowie Karl-Heinz Geissler, Es muss in diesem Leben mehr als Eile geben, Freiburg 2001.

schen Zeit haben. Zeit zu haben gilt als Zeichen von Bedeutungslosigkeit, ja Phantasielosigkeit oder gar Trägheit. Dabei hat jeder Mensch Zeit – die Frage ist immer nur, wofür er sich Zeit *nimmt!*

Während der französische Philosoph René Descartes noch sagen konnte: »Ich denke, also bin ich«, lautet unsere heutige Version der Selbstvergewisserung: »Ich bin aktiv, also bin ich.« Ob bewusst oder unbewusst: Wir leiten unseren Wert aus dem Maß unserer Aktivitäten ab. Natürlich ist Aktivität etwas äußerst Befriedigendes und für die menschliche Psyche absolut notwendig. Doch die heutige Definition von Aktivität ist so einseitig, dass sie im Wesentlichen nur noch alle Formen von Mobilität und Unterwegssein, von Arbeit, Produktivität oder kulturellem Konsum (Theater, Konzerte, Ausstellungen, Bildungsveranstaltungen etc.) umfasst.

Was Descartes einmal für die wesentlichste aller menschlichen Tätigkeiten hielt – das Nachdenken –, gilt heute eher als verdächtige Form der Untätigkeit, wie der sehr bekannte Sketch »Feierabend« von Loriot deutlich macht: Sie, in der Küche hantierend, fragt ihren schweigend im Wohnzimmer sitzenden Ehemann, was er tue, und kann sich mit seiner lapidaren Antwort »Nichts« partout nicht zufrieden geben. Denn wie kann ein Mensch einfach nichts tun? Gar nichts? – Sie fragt und fragt, und der Dialog endet damit, dass dem armen Mann schließlich der Kragen platzt und er tatsächlich etwas tut – nämlich mit seiner Frau streiten.

Nichts tun und auf die Stille hören. Nichts tun, um seine Gedanken einfach schweifen zu lassen. Nichts tun, um in sich hineinzuhorchen. Nichts tun, um »die Seele baumeln zu lassen«, sprich: sich zu entspannen. Nichts tun, um Kraft zu schöpfen. Nichts tun, um Erlebtes zu verarbeiten. Nichts tun, um die Natur zu beobachten, die einen umgibt. Nichts tun, um in den Himmel zu schauen, mit den Augen den Zug der Wolken zu begleiten. Nichts tun, um das Alleinsein – oder das Zusammensein – zu genießen. Nichts tun, um zu träumen. Nichts tun, um sich zu erinnern. Nichts tun, um sich an der eigenen inneren Schönheit, der eigenen Kraft, den eigenen Gaben zu erfreuen ... Ist das alles denn wirklich »nichts getan« – oder ist es nur eine unsichtbare, nicht messbare Form des Lebendigseins, des

Aktivseins, ja, des Kreativseins, die wir heute gering erachten, weil wir nur noch auf das Äußerliche fixiert sind?

Impulse aus den Erzählungen über Jesus

Die Äußerungen Jesu zur Frage, was den Wert eines Menschen ausmacht, sind recht eindeutig:

- ▷ Jesus kritisierte Menschen, die sich in ihrem öffentlichen Ansehen oder Erfolg sonnten und entsprechende Privilegien in Anspruch nahmen (damals waren dies manche Angehörige der besonders frommen Pharisäer und Schriftgelehrten): »Sie sitzen gerne obenan bei Tisch und in den Synagogen und haben es gerne, dass sie gegrüßt werden auf dem Markt und von den Menschen Rabbi genannt werden« (Matthäus 23,6f).
- ▷ Jesus forderte immer wieder (und praktizierte es selbst in seinem Umgang mit Frauen und Kindern sowie mit Angehörigen verachteter Berufe), die Kleinen, Schwachen, Unscheinbaren anzuerkennen und zu würdigen – also jene, die gerade nichts oder nicht viel »leisten« können (vgl. z. B. Markus 9,42).
- ▷ Auf die Frage der Jünger Jesu, wer der Größte in Gottes Reich sei, rief Jesus ein Kind zu sich und stellte es in ihre Mitte (Matthäus 18,1-6).
- ▷ Jesus verlangte von seinen Nachfolgern, dass bei ihnen eine eindeutig andere Rangordnung herrscht als in der Welt: »Wer der Größte unter euch sein will, der sei euer aller Diener« (Matthäus 20,26 und 23,11).
- ▷ Jesus hat diese Umkehr der Werte geradezu »handgreiflich« selbst praktiziert, indem er seinen Jüngern reihum beim letzten gemeinsamen Essen die Füße wusch – eine Arbeit, die damals vollkommen unter der Würde eines jüdischen Mannes war (Johannes 13,1-20). Dabei betonte er ausdrücklich, dass seine Jünger sich an ihm ein Beispiel nehmen sollten.
- ▷ Es ist einer der auffallendsten Züge Jesu – der auch in den Evangelien sehr deutlich herausgestellt wird –, dass er hohe Anforde-

rungen an die Entschlossenheit und Konsequenz derjenigen stellte, die ihm nachfolgen bzw. Gott dienen wollten (»Wer nicht sein Kreuz auf sich nimmt und folgt mir nach, der ist mein nicht wert«, Matthäus 10,38; vgl. Matthäus 16,24). Andererseits war er voller Nachsicht und Güte gegenüber all jenen Menschen, die nach damaliger Ansicht Gottes Geboten *nicht* gerecht wurden oder gerecht werden konnten – sofern sie nicht heuchelten, sondern offen und aufrichtig dazu standen. Ihnen begegnete er mit besonderer Aufmerksamkeit und Zuwendung, denn er sagte: »Nicht die Gesunden brauchen den Arzt, sondern die Kranken« (Lukas 5,31). Sie konnten und mussten sich seine Liebe und Anerkennung nicht verdienen.

6.3. »Ich muss mindestens so gut sein wie ...«

Es ist dem Menschen angeboren, sich mit anderen zu vergleichen. Sofern man dabei mit sich selbst und der eigenen Situation an irgendeinem Punkt unzufrieden ist, führt der Vergleich mit anderen nicht selten zu Neid, Rivalität und Unruhe. Das bedeutet: Der vermeintliche Vorzug oder Vorteil des Nächsten – egal, ob Geschwister, Partner, Freund, Nachbar oder Kollege – weckt Gefühle der Unterlegenheit und der Minderwertigkeit bzw. der Angst, benachteiligt zu sein oder zu kurz zu kommen. Dadurch werden starke Energien freigesetzt, die darauf zielen, den Vergleichspartner »einzuholen«.

Woher kommt dieser innere Antreiber? Meines Erachtens leben wir in einer Gesellschaft, die Kinder schon früh zu einer Art Rivalitäts- und Wettbewerbshaltung erzieht. Frühzeitig wird ihnen beigebracht, dass es Gewinner und Verlierer gibt und dass man aufpassen muss, nicht zu Letzteren zu gehören. So bewundert, so schön, so erfolgreich sein wie der andere, so wohlhabend, so beliebt ... – die Liste der Lebensbereiche, in denen man miteinander wetteifern kann, ist unendlich lang. Doch was steckt hinter dem Bedürfnis, »mithalten« zu können? Zunächst natürlich das Bedürfnis nach Zugehörigkeit, denn damit ist in der Regel immer auch Anerkennung verbunden. Anders gesagt: Wer mithalten will, muss sich und anderen etwas beweisen. Das verweist auf einen Mangel an Selbstsicherheit und Selbstwertgefühl. Man muss sich und seiner Umwelt vor Augen führen, wer man ist und was man kann.

Wie vielen Menschen steckt noch das Verglichenwerden in der Familie tief im Herzen: »In deinem Alter konnte ich das schon!« – »Deine Schwester schafft es und du nicht!!« – »Keines deiner Geschwister hat so schlechte Noten wie du!« – »Alle in unserer Familie sind sportlich, nur du nicht!« Die Neigung, den Ehrgeiz eines Kindes dadurch anzustacheln, dass man es an den Leistungen seiner Geschwister misst, ist nahe liegend. Das hat aber zur Folge, dass Geschwister sich unter Umständen auch als heimliche Konkurrenten empfinden. Natürlich ist das nicht grundsätzlich der Fall.[20]

Was sind die Auswirkungen der Rivalität? Sie führt dazu, dass wir unserem Nächsten nicht mehr unbefangen, sondern zwiespältig gegenüberstehen. Bei aller Liebe, Verbundenheit oder Sympathie schwingt in unserer Kommunikation und Wahrnehmung immer die leise Furcht mit, der andere könnte uns »in den Schatten stellen«. Diese Furcht kann nur dadurch wirksam verringert werden, dass wir mehr Klarheit und Sicherheit über unsere *eigenen* Stärken und Kompetenzen erringen! Denn wer *weiß,* dass und worin er kompetent ist und wo seine Stärken liegen, kann auch anerkennen, dass andere ihm in manchen Bereichen oder Fähigkeiten überlegen sind.

Es gilt also, einen Lernprozess in Bezug auf die eigenen Pluspunkte nachzuholen. Falls er unterbleibt, sind auch Christen nicht selten von einer gewissen Zwiespältigkeit im Umgang mit ihren »Brüdern und Schwestern im Geist« geprägt. Einerseits steht das Ideal der Brüderlichkeit im Mittelpunkt, andererseits findet biswei-

[20] Vgl. das Buch von Franz-Josef Rinsche: Brüder, die Geschichte schrieben, Köln 1990, in dem Beispiele lebenslanger brüderlicher Eintracht und Harmonie geschildert werden. Sowohl bei den dort beschriebenen Brüdern Wilhelm und Jakob Grimm als auch bei den ebenfalls zeit ihres Lebens eng verbundenen Brüdern Wilhelm und Alexander Humboldt fällt auf, dass sie schon im Kindesalter den Vater verloren hatten, was Kinder möglicherweise enger zusammenschweißt.

len durchaus ein Kampf um Macht und Einfluss statt. Da ein solcher Kampf aber dem Geist der Liebe und Brüderlichkeit widerspricht, wird er meist nicht offen ausgetragen. Das führt dann häufig zu Heuchelei, Intrigen und Unaufrichtigkeit. Die daraus entstehenden persönlichen Verletzungen gehen umso tiefer und sind umso schwerer wieder zu heilen.

Impulse aus den Erzählungen über Jesus

Jesus hat, wie schon der Antreiber »Du bist so viel wert, wie du leistest« zeigt, dem Geltungsbedürfnis und dem Besser-sein-Wollen viel Aufmerksamkeit gewidmet – ein Zeichen dafür, wie verbreitet dieser innere Antreiber auch unter den Frommen seiner Zeit schon war. Jesus verlangt in vielen seiner Worte und Gleichnisse die bewusste Abkehr von Geltungsbedürfnis, Ehrsucht und Neid in jeder Form. In einem Punkt jedoch, sagte Jesus zu seinen Zuhörern, müssten sie »besser sein als« die Pharisäer und Schriftgelehrten. Welcher Punkt ist das? Interessanterweise die »Gerechtigkeit«: »Wenn eure Gerechtigkeit nicht besser ist als die der Schriftgelehrten und Pharisäer, so werdet ihr nicht in das Himmelreich kommen«, sagt Jesus in Matthäus 5,20.

An dieser Stelle möchte ich kurz erklären, was »Gerechtigkeit« im hebräischen Denken meint. In unserem Denken bedeutet Gerechtigkeit, alle gleich zu behandeln, niemanden zu benachteiligen oder zu bevorzugen. Im hebräischen Denken bedeutet Gerechtigkeit jedoch »dem anderen gerecht werden« – sei es einer Person, sei es einem Gebot oder Gott. Dahinter verbirgt sich eine ganz andere Denkweise, denn diese Definition schließt gerade die *Ungleichbehandlung* der Menschen von vornherein mit ein – weil Menschen unterschiedlich sind! Wer zum Beispiel seine Kinder alle gleich behandelt und Gleiches von ihnen fordert, wird ihnen damit ganz gewiss *nicht* gerecht, weil er ihre individuellen Eigenheiten und Fähigkeiten vollkommen außer Acht lässt.

Hebräisches Denken geht hier viel tiefer, und wer einem anderen

Menschen diese Gerechtigkeit schuldig bleibt, ihm also nicht gerecht wird, der wird auch *schuldig* an ihm! Ein Beispiel: In 1. Mose 15,6 heißt es: »Abraham vertraute Gott, und das rechnete ihm dieser zur Gerechtigkeit.« Gemeint ist: Indem Abraham Gott vertraute, wurde er seinem Gott gerecht. Wer Gott misstraut, wird ihm folglich nicht gerecht, weil er dem Wesen und Wirken Gottes die entsprechende Anerkennung verweigert.

Offenbar war Jesus der Auffassung, dass die Schriftgelehrten und Pharisäer seiner Zeit Gott und Menschen *nicht* in ausreichendem Maße gerecht wurden. Obwohl genau das ja ihr Anspruch war: Sie wollten »besonders gerecht« sein, indem sie die Gebote besonders genau einhielten. Den Weisungen Gottes wird der Mensch jedoch nur dann gerecht, wenn er sie nicht nach dem Buchstaben befolgt, sondern nach ihrem eigentlichen Sinn und Zweck fragt. Dieser Sinn liegt immer darin, Liebe als Haltung dem Nächsten und Gott gegenüber einzuüben und zu praktizieren. Denn nur so gelingt es, das eigene Leben und das Leben anderer Menschen schöner und reicher zu machen.

6.4. »Ich will von niemandem abhängig sein«

Eine Sorge, die vielen Menschen zu schaffen macht, ist die Angst, jemanden zu brauchen, also in einer gewissen Abhängigkeit von einer anderen Person zu stehen. Da schleudern Partner beim kleinsten Konflikt einander entgegen: »Glaub bloß nicht, dass ich nicht auch ohne dich klarkomme!«, und alte Eltern beteuern ihren Kindern gegenüber so lange wie möglich, dass sie gut allein zurechtkommen, ja dass sie ihnen auf gar keinen Fall »zur Last fallen«, d. h. ihre Hilfe in Anspruch nehmen wollen. Menschen mit Problemen gehen lieber zum Therapeuten als zum Freund/zur Freundin, denn »der Therapeut«, so sagte mir einmal eine Frau, »wird von mir dafür bezahlt, dass er mir zuhört – das kann ich also guten Gewissens von ihm verlangen.«

Andererseits fällt auf, dass in fast allen Schlagern und Popsongs, bei denen es um Liebe geht, unverhohlen bekannt wird: »I need you« – »Ich brauche dich«. In der Realität sagen Menschen dies eher selten zueinander – es sei denn, sie wären in einer existenziellen Notsituation oder hätten akute Angst, den anderen zu verlieren. Dann allerdings kann aus dem Eingeständnis »Ich brauche dich!« leicht ein Druckmittel werden, das den anderen in seiner Handlungsfreiheit beschneiden möchte.

Doch ist es ja keineswegs so, dass wir andere Menschen erst dann brauchen, wenn uns, bildlich gesprochen, das Wasser bis zum Hals steht. *Es gehört zur Natur des Menschen, dass er, allein und auf sich gestellt, zwar möglicherweise körperlich überleben, nicht aber wirklich leben und schon gar nicht glücklich sein kann.*

Der jüdische Religionsphilosoph Martin Buber, der das Verhältnis von Ich und Du zu einem der zentralen Themen seiner Philosophie gemacht hat, kam zu der Erkenntnis: Alles wirkliche Leben ist Begegnung. Ohne »Du« kann es streng genommen kein »Ich« geben. Denn wer und was ich bin, erkenne ich, indem ich mich durch meine Beziehungen, durch den Spiegel meiner Mitmenschen, sehe. Und indem ich als Christ versuche, mich im Licht Gottes zu betrachten. Doch auch dies ist Selbsterkenntnis über den Weg der Beziehung.

Warum aber fällt es uns Menschen so schwer, uns und anderen dieses Angewiesensein aufeinander einzugestehen? Zum einen, weil es uns schwach macht. Schwäche aber macht verletzlich und wird deshalb gefürchtet. Zum anderen, weil Offenheit und Vertrauen immer voraussetzen, dass man einen Menschen als treu und zuverlässig einschätzt oder erlebt hat. »Treu« und »trauen« haben die gleiche sprachliche Wurzel: »fest sein, beständig sein«. Je häufiger Menschen die Erfahrung machten, dass ihr Vertrauen enttäuscht wurde, desto schwerer fällt es ihnen verständlicherweise, immer wieder aufs Neue zu vertrauen – zu groß ist die Angst vor erneuter Verletzung.

Wir leben darüber hinaus in einer Gesellschaft, in der Zuverlässigkeit und Treue nicht (mehr) zu den höchsten Werten zählen. Die logische Konsequenz ist, dass Selbstständigkeit und Unabhängigkeit immer stärker betont werden. Je mehr der Wohlstand in unserem Land seit dem Krieg gestiegen ist, desto größer ist auch die Tendenz, Abhängigkeiten vom Nächsten – z. B. von Nachbarn, Mitbewohnern usw. – zu beenden und zu vermeiden. Wo es früher beispielsweise gang und gäbe war, einander mit Geräten oder fehlenden Lebensmitteln auszuhelfen, stapelt man heute die Gerätschaften (»Für den Fall, dass ...«) im Keller und fährt lieber zur weit entfernten Tankstelle, um Fehlendes zu kaufen, statt bei den Nachbarn kurz zu klingeln und eine Bitte zu äußern. Die Kehrseite: Man braucht einander nicht mehr – man nimmt aber auch keine Rücksicht mehr aufeinander, denn man ist ja unabhängig.

Doch auch wenn wir vielleicht einander in materieller Hinsicht nicht mehr brauchen, bleiben wir doch *seelisch-emotional* von anderen Menschen abhängig.

Was ist mit »Abhängigkeit« gemeint?

- Wir brauchen Menschen, die uns wahr-nehmen und nicht übersehen oder übergehen.
- Wir brauchen Menschen, die uns an-nehmen, so wie wir sind, und sich nicht von uns abwenden, wenn wir ihren Erwartungen nicht immer ganz entsprechen.
- Wir brauchen Menschen, die uns ernst nehmen, wenn wir mit ihnen kommunizieren, und für die unsere Gedanken und Taten von Bedeutung sind.
- Wir brauchen Menschen, die uns verstehen und gegebenenfalls auch beistehen. Für die es einen Unterschied macht, ob es uns gibt oder nicht. Menschen, die uns sagen und zeigen: Du bereicherst mein Leben.
- Wir brauchen Menschen, die uns ehrlich begegnen und uns auch hin und wieder kritisch einen Spiegel vorhalten.
- Das alles finden wir auch in der Beziehung zu Gott. Trotzdem ist die Gottesbeziehung kein Ersatz für menschliche Beziehungen. Sie ist stattdessen eine hilfreiche Voraussetzung für heile Beziehungen zwischen uns und unseren Mitmenschen, weil sie diese Beziehungen gleichzeitig prägt und entlastet.

Auch unser Glaube beruht ja letzten Endes darauf, dass wir erkennen, wie sehr wir auf Gott angewiesen sind. Ganz deutlich und unverblümt hat dies Petrus, einer der Jünger Jesu, einmal ausgesprochen. Als Jesus eine Rede hielt, die wieder einmal für zahlreiche Zuhörer eine Zumutung war, wandten sich viele von ihm ab. Jesus fragte daraufhin seine zwölf engsten Vertrauten: »Wollt ihr auch weggehen?« Petrus antwortete: »Herr, wohin sollten wir gehen? Du hast Worte, die ewig Gültigkeit haben, und wir haben geglaubt und erkannt, dass du der von Gott Gesandte bist« (Johannes 6,67ff). Mit anderen Worten: »Das, was wir bei dir finden, brauchen wir dringend – und wir finden es nirgendwo sonst.«

Es ist diese und nur diese Erfahrung, die uns an Jesus bindet. Weder Pflichtgefühl noch Gehorsam führen zu Christus, weder Abenteuerlust noch Flucht vor der Realität oder vor den Mühen einer bürgerlich-sesshaften Existenz! Im Gegenteil: Ich kenne eine Menge Christen, die das Leben dank ihrer Klugheit und Schaffenskraft sehr gut meistern, die angesehen und erfolgreich sind und unter rein materiellem Aspekt den Glauben an eine höhere Instanz nicht bräuchten. Sie sind weder seelisch labil noch einsam, und dennoch bekennen sie sich zu ihrem Glauben an Christus. Was sie trotz all ihrer eigenen Kraft und Lebensleistung die Verbundenheit mit Gott suchen lässt, ist im Grunde dasselbe Motiv, das auch die Nachfolger Jesu beseelte: die Anziehungskraft und Faszination eines Gottes, der sich in Jesus auf eine ganz besondere Weise offenbarte. Nämlich so, dass Jesus von sich sagen konnte: »Wer mich sieht, sieht den Vater« (Johannes 14,9). Es ist die Faszinationskraft eines Mannes, der uns auffordert, alles auf die eine Karte zu setzen, nämlich: ihm nachzufolgen und unserem Leben dadurch ein ganz neues Fundament und ein ganz neues Ziel zu geben. Dass damit kein bequemes Leben gemeint ist, macht Jesus an vielen Stellen deutlich. Aber es ist ein Leben, das sich nicht in Nichtigkeiten verliert und verschwendet, schon gar nicht im Sichtbaren, Greifbaren, Materiellen. »Glaube ist der Entschluss, die Abhängigkeit von Gott als Glück zu bezeichnen«, sagte der evangelische Bischof Hermann Bezzel einmal, und ein Teil dieses Glücks ist es, Menschen gegenüber eine tiefere Sicherheit zu gewinnen. Damit ist jedoch keineswegs gemeint, dass man gleichgültiger oder hochmütiger wird. Im Gegenteil: Man wird den anderen gegenüber einfühlsamer und achtsamer, aber auch furchtloser und gelassener.

6.5. »Vermeide Konflikte und Auseinandersetzungen!«

Auch dieser innere Antreiber hat seine Wurzeln im Wunsch nach Sicherheit sowie in dem Bedürfnis nach Zugehörigkeit, Liebe und Anerkennung. Er wird im Elternhaus in der Regel unter zwei Voraussetzungen erlernt: Entweder gibt es zu viel oder es gibt zu wenig offen ausgetragene Konflikte.

Nehmen wir den ersten Fall. Wenn Kinder zu Hause über einen längeren Zeitraum hinweg ein Übermaß an Zank und Zwietracht miterleben mussten – weil sich die Eltern nicht gut verstanden oder weil beispielsweise ein Elternteil erhebliche Probleme mit sich hatte –, haben sie intensive Gefühle von Angst und Ohnmacht empfunden und – mit zunehmendem Alter – auch das Gefühl unterdrückter Wut (»Warum könnt ihr euch denn nicht vertragen??«).

Oft haben diese Kinder in ihren eigenen späteren Beziehungen ein doppeltes Handicap: Zum einen fürchten sie sich vor Streit und Auseinandersetzungen, weil diese die schmerzlichen Erfahrungen ihrer Kindheit wieder hervorrufen und sie erneut Verunsicherung, Leid und Verlust fürchten. Zum andern aber – und das ist womöglich noch tragischer – haben sie selbst (mangels Vorbilder) nicht gelernt, so miteinander zu diskutieren, dass es auch bei unterschiedlichen Meinungen und Interessen nicht gleich zu heftigen Zusammenstößen und gegenseitigen Angriffen kommt. Kurz gesagt, sie haben keine Techniken erlernt, um *konstruktiv* zu streiten, d. h., um sich dabei nicht allzu tief zu verletzen bzw. sich auch wieder versöhnen zu können. Die Gefahr, dass sie irgendwann das gleiche destruktive Streitverhalten an den Tag legen wie ihre Eltern (wenn ihnen »der Kragen platzt«), ist entsprechend groß.

Der zweite Fall: Kinder erleben zu Hause ein Klima der scheinbaren Harmonie, das aber nicht von wirklicher Nähe und Übereinstimmung der Erwachsenen getragen ist. Probleme werden totgeschwiegen und Konflikte unter den Teppich gekehrt, um den schönen (Schein-)Frieden nicht zu gefährden. Verkürzt gesagt: Man schreit einander nicht an, sondern man schweigt einander an. Man kommt einander nicht ins Gehege, denn man geht sich unauffällig aus dem Weg – äußerlich und erst recht innerlich. Zahlreiche Ehen funktionieren nach meinem Eindruck auf dieser Basis: Nach einer geheimen Übereinkunft wird über heikle Dinge und partnerschaftliche Probleme oder gegenseitige Frustrationen nicht gesprochen. Man findet vielmehr einen Modus Vivendi, bei dem man gerade noch so viel Nähe zueinander pflegt, dass die Beziehung nach außen intakt wirkt und nach innen nicht zusammenbricht. Doch wer genauer hinschaut und hinhört, spürt die gefühlsmäßige Distanz oder Aversion, die zwischen den Partnern herrscht und die durch Höflichkeit und Selbstbeherrschung lediglich aufgefangen, aber nicht wirklich ausgeglichen wird.[21]

Kinder spüren jedoch sehr wohl, ob der Frieden zwischen ihren Eltern auf tiefer Liebe beruht oder darauf, dass Strittiges und Heikles nicht angesprochen wird. Ich glaube sogar, dass Kinder wie ein Seismograph genau das Maß an Anspannung in sich tragen, das ihre Eltern in sich und in ihrer Ehe produzieren bzw. nicht abbauen können. Auch wenn nur *ein* Elternteil starke innere Spannungen mit sich herumträgt (beispielsweise wegen beruflicher Probleme), wittert ein sensibles Kind dies – und nimmt die Spannung unbewusst auf.

Auf der anderen Seite begreifen Kinder auch, dass ihre Eltern aus irgendeinem Grund äußerlich Frieden wahren wollen – und sie lernen, dass Konflikte und Auseinandersetzungen offenbar etwas »Schlechtes« sind, das man möglichst vermeiden sollte.

In beiden Fällen gilt: Bedürfnisse werden nicht direkt formu-

[21] Häufig ist in solchen Partnerschaften das Ende der Berufstätigkeit des Mannes der Auslöser für eine Krise oder Trennung, weil sich das bisherige Nähe-Distanz-Arrangement nun nicht mehr aufrechterhalten lässt und die innere Aushöhlung der Partnerschaft deutlich zutage tritt.

liert, sondern entweder indirekt über Druck, Vorwürfe etc. (bis hin zu Gewalt) kommuniziert – oder unterdrückt und verleugnet. Hinzu kommt ein interessanter geschlechtsspezifischer Unterschied, den ich in vielen Verhaltensmustern von Männern und Frauen entdecke:

Frauen haben ihre Mütter oft als diejenigen in der Familie erlebt, die für den Frieden zwischen den Familienmitgliedern zuständig waren. Sie sorgten dafür, dass alles, was den Vater aufregen konnte, diesem verschwiegen oder nur in verträglicher Dosis zugeführt wurde. Sie bemühten sich, zwischen verfeindeten Parteien zu vermitteln, zornige Familienmitglieder zu besänftigen, die familiäre Harmonie wieder herzustellen. Frauen waren die Prellböcke und stellten oft eigene Bedürfnisse zurück, um nur ja den Frieden in der Familie nicht zu gefährden oder wiederzuerlangen. Dabei staute sich unter Umständen viel unterdrückte Wut in ihnen an. Diese »Harmoniesucht« führte bei Töchtern oft dazu, dass sie später die gleiche Rolle übernahmen – es sei denn, sie durchschauten das Rollenspiel und erkannten den hohen Preis, den die Mütter und Ehefrauen dabei in der Regel bezahlten.

Männer sind in der Regel eher aggressionsbereit und konfliktfähig – aber nicht gegenüber den Frauen, die sie schätzen oder lieben. Bei ihnen handeln sie oft nach der Devise: »Bloß kein Streit! Ich will Frieden – deshalb halte ich lieber den Mund und gebe nach.« Dies gilt für Sach-, erst recht aber auch für Beziehungsthemen. Sobald der Bereich der Gefühle angesprochen wird, spüren viele Männer, dass sie ihren Frauen eher unterlegen sind, weil diese leichter und ausdauernder darüber reden können und auch weniger Mühe haben, ihre Empfindungen in Worte zu fassen. Anstatt diese Unterlegenheit zur Sprache zu bringen und um etwas mehr Geduld und Verständnis zu bitten, flüchten Männer oft in Schweigen oder wollen das Problem »versachlichen« Die Frau erlebt das als frustrierende Zurückweisung und Abwehr, wodurch sich der Graben zwischen den Partnern letzten Endes immer mehr vertieft. Beide Seiten sind wütend: der Mann, weil er sich überfahren und beherrscht fühlt, und die Frau, weil sie kein wirkliches Verständnis für ihre Wünsche oder Klagen erntet. Beide bleiben einander die Einfühlung schuldig.

Natürlich kenne ich auch den umgekehrten Fall, dass der Mann sehr wortgewandt und extrovertiert ist, so dass die Frau nicht mithalten kann und sich deshalb in die Verweigerungshaltung flüchtet: »Ich sage nichts, dann kannst du mir auch nicht widersprechen oder mich verletzen.« Der »Knall« erfolgt bei dieser fehlenden Streitkultur häufig dann, wenn ein Alternativpartner auftaucht, der dem insgeheim frustrierten und unzufriedenen Ehepartner Verständnis entgegenbringt und damit die Aussicht auf echte Nähe, innige Zuneigung und scheinbar problemlose Kommunikation bietet. Es rächt sich dann bitter, dass nicht rechtzeitig gelernt wurde, miteinander auch heikle und schwierige Themen zu besprechen. Dazu hätte dann durchaus auch gehört, sich gegenseitig zu öffnen, sich aber auch in Frage zu stellen.

Zu viel oder zu wenig Auseinandersetzung und Diskussion im Elternhaus können zum gleichen inneren Antreiber führen: dass man eine geheime Furcht vor Konflikten hegt und alles tut, um sie zu vermeiden.

Hinzu kommt bei Menschen mit christlicher Prägung häufig noch die Auffassung, dass Streit unter Christen nicht sein sollte. Heißt es schließlich nicht in einer von Jesu Seligpreisungen: »Selig sind die Friedensmacher« (Matthäus 5,9)? Ja, so ist es zu lesen, doch wird hierbei häufig vergessen, dass jedem Friedensschluss eine Form des Nichtfriedens vorausgehen muss. Jesus hat keineswegs gesagt: »Selig sind die Konfliktvermeider.« Der Schwerpunkt dieser Seligpreisung liegt deshalb nicht darauf, um jeden Preis den (Schein-) Frieden zu wahren, sondern aus dem – manchmal unbedingt notwendigen – Unfrieden oder Streit wieder zur echten Versöhnung zu gelangen.

Frage an den Leser, die Leserin: Würden Sie sich eher zu den Menschen zählen, die Konflikte wenn möglich vermeiden? Wenn ja, warum?

Oder würden Sie sich eher zu jenen rechnen, die keine Scheu davor haben, Probleme auch dann anzusprechen, wenn sie damit rechnen müssen, dass es zur Auseinandersetzung kommt? Wo haben Sie das gelernt?

Biblische Anregungen

Interessanterweise wird auch und gerade unter Christen oft übersehen, dass Jesus selbst ein ausgesprochen konfliktfreudiger Mensch war. Er scheute keine harte Diskussion oder Auseinandersetzung, sondern hat sie im Gegenteil oft selbst erst durch Worte oder Taten vom Zaun gebrochen. Jesus gab mit seiner Lehre und seinem Handeln gewaltige Anstöße – und erregte dementsprechend gewaltigen Anstoß. Das nahm er nicht nur in Kauf, das wollte er offensichtlich auch – und stellte sich mutig den Angriffen und Vorwürfen seiner Gegner. Einige Beispiele:

- ▷ Jesus weilte zum Passahfest in Jerusalem, das voller Pilger war. Diese mussten ihr jährliches Opfer bringen und ihre jährliche Tempelsteuer in einer eigenen Tempelwährung bezahlen. Zu diesem Zweck war der Tempelvorhof voller Stände von Geldwechslern und Tierverkäufern; es ging vermutlich zu wie auf einem Jahrmarkt. Jesus empörte dieses Treiben an heiligem Ort dermaßen, dass er voller Zorn die Tische der Geldwechsler umstieß und die Verkäufer und Kunden aus dem Hof jagte – wohl wissend, wie skandalös und gefährlich diese Aktion war (Matthäus 21,12f).
- ▷ Als Jesus am Sabbat in der Synagoge war und einen Mann mit einer verkrüppelten Hand erblickte, war ihm wohl bewusst, dass er mit einer Heilung den Zorn der Frommen auf sich ziehen würde. Denn zu heilen war ihrer Auffassung nach Arbeit, und Arbeit war am Sabbat verboten. Wäre er friedliebend und diplomatisch gewesen, hätte er die Heilung unterlassen oder auf den nächsten Tag verschoben. Doch genau das tat er nicht, sondern er heilte den Mann – unaufgefordert! Nicht um zu provozieren, sondern

weil er seine Überzeugung deutlich machen wollte, dass die Sabbatgebote dem Menschen zu dienen haben und nicht umgekehrt (Markus 3,1-6).

- ▷ Einmal brachten Freunde einen Gelähmten zu Jesus. Da sie nicht auf direktem Weg zu ihm kamen, deckten sie das Dach des Hauses ab, in dem Jesus sich aufhielt, und ließen den Gelähmten herunter – vor Jesu Füße. Ein enormer Freundeseinsatz. Die Erwartung aller Beteiligten war klar: Jesus sollte ihn von seiner Lähmung heilen. Doch das war nicht Jesu erste Reaktion, sondern der Zuspruch: »Dir sind deine Sünden vergeben.« Obwohl Jesus wusste, dass die anwesenden Frommen dies als ungeheure Anmaßung ansehen würden – denn nur Gott selbst konnte Sünden vergeben –, ging er nicht den einfacheren Weg, nämlich den Gelähmten lediglich von seiner körperlichen Krankheit zu heilen (Markus 2,1-12).
- ▷ Während einer Einladung bei einem vornehmen Pharisäer kam plötzlich eine stadtbekannte »Sünderin« ins Haus und goss eine kostbare Salbe über Jesus aus. Sie weinte dabei und trocknete die Tränen auf Jesu Füßen mit ihren Haaren ab. Der Gastgeber, so lesen wir, nahm Anstoß daran, dass Jesus sich gegen diese Aktion der Frau nicht wehrte – wo sie doch eine Sünderin, vermutlich eine Prostituierte war, deren Berührung von einem frommen Mann nicht geduldet werden durfte. Als Jesus die Gedanken seines Gastgebers erriet, versuchte er keineswegs, sich zu rechtfertigen oder seinen Gastgeber zu besänftigen, um ja die Harmonie nicht zu gefährden. Stattdessen griff er ihn mit einer längeren Rede an, in der er alles auflistete, was die Sünderin ihm Gutes getan hatte: »Ich bin in dein Haus gekommen; du hast mir kein Wasser für meine Füße gegeben; diese aber hat meine Füße mit Tränen genetzt und mit ihren Haaren getrocknet. Du hast mir keinen Kuss gegeben; diese aber hat, seit ich hereingekommen bin, nicht aufgehört, meine Füße zu küssen. Du hast meinen Kopf nicht mit Öl gesalbt; sie aber hat meine Füße mit Salbe gesalbt!« (Lukas 7,44-46). Jesu Ausführungen gipfelten darin, dass er sich an die Frau wandte und ihr die Vergebung ihrer Schuld

zusprach, was erst recht eine enorme Provokation für die Anwesenden bedeutete.

Harmonie unter Christen

Wie kommt es, dass in christlichen Kreisen dennoch in der Regel ein unausgesprochener Zwang zur Harmonie zu herrschen scheint? Ich denke, das Problem liegt darin, dass zu wenig über die *Gründe* für Disharmonie und Konflikte nachgedacht wird. Wenn man nach diesen Gründen forscht, stellt man fest: Selbstverständlich können auch »niedrige Beweggründe« wie Neid und Eifersucht, Egoismus und Habgier, Ungeduld und Rechthaberei, Geltungsbedürfnis oder Ungerechtigkeit Auslöser für Unfrieden sein. Doch es ist ein Trugschluss zu meinen, dass diese niedrigen Beweggründe verschwinden, wenn man Konflikte oder Diskussionen vermeidet! Sie suchen sich stattdessen andere Wege und Kanäle, um zum Zuge zu kommen. Sprich: Die Probleme werden nicht direkt, sondern indirekt, nicht offen, sondern versteckt und heimlich ausgetragen. Noch tiefere Zerwürfnisse und Verletzungen sind kurz- und langfristig die unweigerliche Folge.

Doch es gibt beileibe nicht nur »niedrige« oder ungerechtfertigte Motive für Streit, sondern auch sehr vernünftige und berechtigte Gründe. Sonst hätte Jesus, wie gesagt, nicht so viele Auseinandersetzungen geführt. Jesus war, davon dürfen wir ausgehen, *ganz gewiss frei* von ichbezogenen und ängstlich um sich selbst kreisenden Bedürfnissen wie Ehrgeiz, Rivalität, Geltungsbedürfnis, Macht und Einfluss etc. Ihm ging es in all seinem Reden und Handeln nicht um sich selbst, sondern um sein Gegenüber – zum einen um Gott, dessen Willen er tun wollte, zum andern um die Menschen, denen er beistand und die er zur Umkehr, d. h. zur heilsamen Kurskorrektur in ihrem Leben, bewegen wollte.

Doch während Jesus von sich sagen konnte: »Ich bin der Weg, die Wahrheit und das Leben« (Johannes 14,6a), d. h., zwischen der Wahrheit und ihm gab es praktisch keine Differenz, können wir

Normalsterbliche, egal, wie klug, lebenserfahren, gottesfürchtig, bibelfest oder gebildet wir sind, dies nicht sagen. Für uns gilt: Wir haben immer nur unsere ganz persönliche und entsprechend subjektive Einsicht, Erkenntnis und Wahrnehmung – ob dies »die Wahrheit«, gar die ganze Wahrheit ist, können wir niemals wissen. Deshalb verbietet sich für uns Menschen – zumal für Christen – der Anspruch, das, was wir sagen, sei »die Wahrheit«. Denn dies würde bedeuten, dass wir uns Jesus gleichstellen.

Auf der anderen Seite ist damit jedoch nicht gesagt, dass wir zu nichts eine *Meinung* haben bzw. äußern dürfen. Ganz im Gegenteil! Doch muss uns bei allem, was wir sagen, klar sein: Wir können uns auch irren. Es ist *unsere* Sichtweise – der andere kann eine andere haben, und die mag genauso richtig oder falsch wie die unsere sein.

Dennoch ist es manchmal wichtig und notwendig, seine eigene Sichtweise und sein eigenes Empfinden deutlich mitzuteilen – auch auf die Gefahr hin, den oder die Empfänger damit zu verletzen oder in Frage zu stellen. Allerdings ist die *Haltung,* in der etwas gesagt wird, entscheidender als der Inhalt, weil die Haltung die Beziehungsebene widerspiegelt. Deshalb besteht die hohe Kunst bei solchen Gesprächen darin, seine Gedanken so zu formulieren, dass für das Gegenüber klar ist: »Du teilst mir deine Meinung nicht mit, um mich damit zu verletzen, zu demütigen oder zu verurteilen, auch nicht, um mir deine Sicht der Dinge aufzudrängen, sondern um mit mir in eine offene Diskussion über dieses Thema einzutreten. Dein Ziel ist, mich zu verstehen und mit mir ein konstruktives Gespräch zu führen, um Ungeklärtes zu klären.« Wo auf der Grundlage einer solchen Haltung diskutiert und kommuniziert wird, wird es *immer* zu einem Ergebnis kommen, das einen Fortschritt im ehrlichen Miteinander bedeutet.

Werden solche Debatten jedoch vermieden – weil »es sich nicht gehört«, zu streiten, weil man sich vor Verletzungen, Aggression und Kritik fürchtet oder weil man sowieso keine Chance sieht, Gehör zu finden und ernst genommen zu werden – dann ist in diesen Gruppen, Gemeinschaften und Gemeinden sehr bald eine Stagnation festzustellen, und zwar in doppelter Hinsicht.

- ▷ *Die erste Gefahr:* Der Einzelne entwickelt seine Fähigkeit nicht weiter, aufrichtig über persönliche Wahrnehmungen und Gefühle zu sprechen, die ihn selbst, die Gruppe und das Miteinander betreffen. Dadurch spaltet er sich innerlich immer mehr auf in ein »Ideal-Ich« (= wie er sein sollte), das er nach außen zu präsentieren versucht, und in ein »Real-Ich« (= wie er wirklich ist), das möglichst nach außen verborgen wird und das die wahren Gedanken, Gefühle und Bedürfnisse enthält.
- ▷ *Die zweite Gefahr:* Die Gruppe entwickelt ihre Fähigkeit nicht weiter, offen über heikle oder strittige Themen und Entscheidungen zu diskutieren und alle Mitglieder in diesen offenen Umgang mit Problemen mit einzubeziehen. Stattdessen bilden sich häufig offizielle oder inoffizielle Cliquen, die miteinander rivalisieren, oder es entstehen Lager, die in verschiedene Richtungen streben. Oft ist die Folge, dass sich Gruppen oder Gemeinden spalten.

Ich habe auch so manche vermeintlich vorbildliche christliche Ehe schon an diesem Mangel an Konflikt- und Diskussionsbereitschaft zugrunde gehen sehen: Man hat gemeinsame Ziele und Aktivitäten, für die man bis zur Erschöpfung in der Gemeinde arbeitet, und merkt dabei nicht, wie das Verhältnis zueinander immer mehr von einem Liebes- zu einem Arbeitsverhältnis verkümmert. Das aber ist davon geprägt, nur noch zu funktionieren, während die eigenen vitalen Bedürfnisse weitgehend unbefriedigt bleiben. Doch anstatt die Themen dann anzusprechen, wenn sie aktuell sind – z. B. die fehlende sexuelle Befriedigung, der Mangel an Zeit zu zweit –, werden sie so lange verdrängt, bis ein fremder Mann, eine fremde Frau intensive Leidenschaft auslöst. Für mich besteht der eigentliche Skandal weniger darin, mit welcher Verantwortungslosigkeit Ehepartner dann aus ihrer Ehe ausbrechen. Er besteht vielmehr darin, dass offenbar in diesen Ehen kein Bewusstsein dafür vorhanden war, dass Partnerschaften den intensiven gegenseitigen Austausch über eigene Bedürfnisse und Gefühle brauchen, um frisch und lebendig zu bleiben. Nur so können sie sich von Enttäuschungen und Frustrationen immer wieder erholen.

6.6. *»Sei immer tapfer und stark!«*

Es gibt heute eine Reihe von Elternhäusern, in denen es den Kindern erlaubt ist, immer und überall ihre momentanen Gefühle auszudrücken – es sei angebracht oder nicht. Das sind Familien, die man eher meidet, weil es einfach sehr anstrengend ist, mit ihnen zusammen zu sein. Eine Erziehung zur Selbstbeherrschung ist m. E. unabdingbar, um auf das Erwachsenenleben vorbereitet zu werden. Ebenso wichtig ist es allerdings zu lernen, Gefühle und Bedürfnisse zu äußern – zum richtigen Zeitpunkt und in angemessener, sozial akzeptabler Form.

Wenn dies *nicht* geschieht, lernen Heranwachsende, ihre Gefühle in einer Weise zu unterdrücken bzw. zu verdrängen, die sich im späteren Zusammenleben und -arbeiten mit anderen Menschen als massives Handicap entpuppt. Weshalb? Weil Menschen, die zu ihren eigenen Gefühlen keinen Zugang haben, diese Gefühle auch bei anderen erstens nicht wahrnehmen und zweitens, falls sie geäußert werden, nicht wirklich ernst nehmen und achten können. Auf diese Weise kommt es über kurz oder lang zu einer Reihe von gegenseitigen Verletzungen. Folge: Die Beziehung wird immer mehr belastet, da man sich emotional und damit auch seelisch entfremdet.

Nur wer Gefühle *mitteilen* (anstatt lediglich ausleben) kann, d. h., wer auch sein Innerstes öffnen und darüber sprechen kann, ist in der Lage, zu einem anderen Menschen Fühlung aufzunehmen und echte Nähe herzustellen. Erst wenn ich weiß, wie der andere ein Geschehen emotional erlebt, welche Freude, Betroffenheit, Traurigkeit oder Hilflosigkeit es in ihm auslöst, spüre ich, dass das gegenseitige Vertrauen und Verständnis wachsen kann.

Doch wie ist es zu erklären, dass auch und gerade in christlichen Kreisen oft eine fast heroische emotionale Selbstbeherrschung und Verschlossenheit zu beobachten sind, wenn es um Gefühle (außerhalb des gemeinsamen Singens, Lobens, Betens und anderer Rituale) geht? Vermutlich steht dahinter die Überzeugung, dass ein Christ eigentlich niemals verzagt oder verzweifelt, verärgert oder frustriert sein dürfte. Stattdessen sollte er bezeugen, dass der Glaube ihm

Kraft und Trost in schwerster Lebenslage schenkt und ihm hilft, über Leid tapfer hinwegzukommen.

Dagegen ist die Bibel voll von menschlichen Stimmen, die erst einmal ihrer Verzweiflung und Trauer Ausdruck verliehen haben, bevor sie nach Hilfsmöglichkeiten Ausschau hielten.

Anregungen aus der Bibel

- ▷ Die Zahl der Klagepsalmen übersteigt die Zahl der Lob- und Dankpsalmen bei weitem. Das ist ein Zeichen für die Ehrlichkeit, mit der damals *beide Seiten* der menschlichen Erfahrung – Freude und Leid, Hoffnung und Verzweiflung, Vertrauen und Enttäuschung – thematisiert und vor Gott gebracht wurden.[22]
- ▷ Der Prophet Jeremia klagte beredt – und immer wieder – Gott sein Leid, ja, er machte Gott sogar Vorwürfe, ihn berufen zu haben (Jeremia 12,1-6; 15,10-21; 20,7-18 u. a.).
- ▷ Elia scheute sich nicht, Gott seinen Lebensüberdruss unverblümt mitzuteilen, als er an seine eigenen Grenzen kam: »Herr, es ist genug. Nimm meine Seele/mein Leben wieder zu dir« (1. Könige 19,1-4).
- ▷ Als Samuel von Gott den Auftrag bekam, Saul die Königskrone wieder zu entziehen, »wurde Samuel zornig und schrie zu Gott die ganze Nacht« (1. Samuel 15,11). Man stelle sich das vor: Samuel schreit Gott quasi an, weil er mit Gottes Entscheidung absolut nicht einverstanden ist!!
- ▷ Auch Mose, der große Führer durch die Wüste, teilte es Gott klar mit, als er an seine physischen und psychischen Grenzen kam. Er versuchte keineswegs, die Zähne zusammenzubeißen und den Helden zu spielen (4. Mose 11,11-15).
- ▷ David, der erfolgreichste König, den Israel je hatte, war über die

[22] Beginnend von vorne, werden beispielsweise Psalm 3; 5; 6; 7; 13; 17; 20-22; 25-28; 35; 38; 39; 41 u. v. a. zu den Klagepsalmen gezählt! (Vgl. Klaus Seybold, Die Psalmen, Stuttgart 1986.)

Nachricht vom Tod seines abtrünnigen Sohnes Absalom so abgrundtief verzweifelt und zeigte dies so ungehemmt, dass sich seine Getreuen um ihn herum entsetzten: »Wie kannst du nur so trauern um einen, der sich gegen dich erhob – und wie kannst du dich in deiner Trauer nur so gehen lassen?!«, lauteten ihre vorwurfsvollen Fragen (2. Samuel 19,1-9).

- ▷ Hiob beklagte, nachdem ihn furchtbares Leid getroffen hatte, laut und ausführlich, dass er überhaupt geboren worden war, und machte kein Hehl daraus, dass er die Toten um ihre Ruhe beneidete (Hiob 3).

Gefühle (mit)teilen

Zu den Gefühlen, die ich unter dem Oberbegriff »Rat- und Hilflosigkeit« beschreiben würde, zähle ich all jene Empfindungen, die in uns aufkommen, wenn wir uns einer Sache oder Person nicht gewachsen fühlen, wenn wir verunsichert sind, uns als schwach und verletzlich oder verletzt erleben. Es sind genau jene Gefühle, die die großen Männer der Bibel sowohl ihrer Umwelt als auch Gott gegenüber zum Ausdruck brachten: Trauer, Überforderung, Enttäuschung, Einsamkeit, Machtlosigkeit, Schuld und Scham, Kränkungen aller Art ...

Wer es wagt, auch diese Art von Emotionen mit vertrauten Menschen zu teilen, wird nicht Distanz oder Abkehr hervorrufen, sondern eher Einfühlung, Verständnis, Trost, Unterstützung, Hilfsbereitschaft. Denn das Kennzeichen dieser Gefühle ist nicht Aggression, sondern eher das Gegenteil, eine Art innerer Depression, die von der existenziellen Verwundbarkeit des Menschen zeugt.

Nur wer in der Lage ist, andere Menschen nicht nur mit vernünftigen oder klugen Worten, sondern auch mit emotionaler Nähe und Aufrichtigkeit zu begegnen, kann tragfähige und dauerhafte Beziehungen schaffen. Der Amerikaner Robert Arnot erklärt die Fähigkeit, »Gefühle zu übertragen«, sogar für eine unentbehrliche Strategie, um im Umgang mit anderen Menschen Erfolg zu haben.[23] Was meint er damit? Arnot betont, dass Emotionen motivieren, d. h., sie sind eine Art Energieschwingung, die im Gegenüber ähnliche Energieschwingungen auslöst. Wer lernt, positive Gefühle wie Freude, Interesse, Humor, Wertschätzung, Anziehung oder Bewunderung nicht nur für sich zu empfinden, sondern auch anderen verbal oder nonverbal mitzuteilen, erzeugt Verbundenheit und ansteckende Motivation. Doch wichtig ist: Wer *nur* positive Gefühle mit anderen teilt und alle anderen Gefühle, die als schwach oder negativ gelten, für sich behält, ist nicht aufrichtig und echt, sondern zeigt seinen Mitmenschen eine Maske.

Keine Frage: Es macht unsere Beziehungen nicht in jedem Fall einfacher, wenn wir lernen, mit dem inneren Antreiber »Sei tapfer und stark« flexibler umzugehen. Wir versuchen dann nicht mehr, unter allen Umständen Haltung zu bewahren und unsere wahren Emotionen zu verbergen, sondern wir konfrontieren möglicherweise unsere Mitmenschen auch mit Gefühlen, die sie erschrecken, belasten oder hilflos machen. Es ist sicher sinnvoll, sich vorher zu überlegen, wer solchen Gefühlsbotschaften seelisch gewachsen ist und wer nicht. Kinder in unharmonischen Beziehungen sind beispielsweise *nicht* die richtigen Adressaten für die Gefühlsstürme ihrer Eltern! Andererseits gilt für uns Erwachsene: Wir wachsen auch an den Herausforderungen, die andere an uns stellen. Wenn ich nie einen Menschen erlebe, der in meiner Gegenwart weint, werde ich auch nie lernen, einfühlsam zu reagieren. Wenn mir nie jemand offen und klar seinen momentanen Groll oder seine Verärgerung mitteilt, lerne ich auch nicht, mit diesen Gefühlen so umzugehen, dass es nicht in gegenseitigem Beziehungsabbruch endet. Wenn ich nie damit konfrontiert werde, dass ein Mensch hilflos und verzweifelt ist, werde ich auch nie dazu in der Lage sein, solch einer Person emotional beizustehen und ihr Nähe und Wertschätzung zu vermitteln.

[23] Robert Arnot, Wer sich wohl fühlt, hat Erfolg, München 2001, S. 224ff.

Umgang mit Verletzungen

Eines der häufigsten Gefühle, das unter die Kategorie »Schwäche« fällt, ist persönliche Verletztheit.[24] Es ist unausweichlich, dass man sich in einer Gemeinschaft, egal, ob Familie, Gemeinde, Kollegenkreis etc., hin und wieder gegenseitig wehtut, vor den Kopf stößt oder enttäuscht. Manchmal absichtlich, doch sicher in der Mehrzahl der Fälle unabsichtlich, d. h. ohne den bewussten Vorsatz, den anderen zu verletzen. Gerade aus diesem Grund – weil sich die Verursacher häufig gar nicht dessen bewusst sind, dass sie uns verletzt haben – wäre es dringend geboten, darüber zu sprechen. Geschieht das nicht, so steht die unausgesprochene und deshalb auch unbereinigte Kränkung wie eine Mauer zwischen den Beteiligten – eine Mauer, die in der Regel nicht von allein eines schönen Tages wieder verschwindet oder in sich zusammenfällt.

Jesus selbst hat uns zu dieser gegenseitigen Offenheit aufgefordert, als er sagte: »Wenn dein Bruder sündigt, so weise ihn zurecht« (Lukas 17,3). Mit anderen Worten: Sprich das, was dir missfällt, was zwischen euch steht, an. Warum wird diese Aufforderung so selten befolgt?

- Zum einen, weil viele Gekränkte der Meinung sind, der Verletzer müsste seine Verfehlung von selbst bemerken, ohne dass sie ihn extra darauf hinweisen. Diese Erwartung ist unrealistisch, denn jeder Mensch weiß, wie wenig man oft abschätzen kann, wie ein anderer – auch wenn man ihn gut zu kennen glaubt – etwas wahrnimmt, vor allem wie er es interpretiert und verarbeitet.
- Zum anderen wollen sich viele gekränkte Menschen *aus Stolz* von ihren Gefühlen nichts anmerken lassen. Auf diese Weise wahren sie zwar die Fassung und ihr Gesicht, gleichzeitig verhindern sie jedoch auch, dass ihr Gegenüber bemerkt, was er ausgelöst hat. Folglich kann von ihm auch nicht erwartet werden, dass

[24] Diesen Abschnitt behandle ich relativ knapp, weil ich das Thema des Umgangs mit Verletzungen ausführlich in meinem Buch »Das verzeih ich dir nie! Kränkungen überwinden, Beziehungen erneuern« (R. Brockhaus Verlag 2004) erörtert habe.

er von sich aus das Problem anspricht. Hier hat der Verletzte die Verpflichtung, die Sache entweder mit sich selbst abzumachen – beispielsweise indem er im Nachhinein feststellt, dass der andere es sicher nicht böse meinte – oder aber den anderen in einer ruhigen Minute unter vier Augen auf das Geschehene anzusprechen. Der letztgenannte Fall setzt voraus, dass man das Erlebte nicht einfach wegstecken oder als Bagatelle ansehen kann.

- Drittens: Verletztsein bedeutet immer auch, in seinem Selbstwertgefühl verunsichert zu werden. Wer von dem inneren Antreiber »Zeige keine Schwächen« regiert wird, sieht das Eingeständnis einer emotionalen Verunsicherung als Schwäche an – schließlich gestehe ich dem anderen damit ja, dass er eine gewisse Macht über mich und mein seelisches Gleichgewicht hat! »Macht mir doch nichts aus!«, haben wir als Kinder voller Trotz gesagt, wenn jemand uns körperlich oder seelisch wehtat und wir dies auf gar keinen Fall zugeben wollten – auch wenn uns dabei die Tränen übers Gesicht liefen.
- Viertens: Wir haben es nicht *gelernt,* über Gefühle des Verletzt- oder Gekränktseins zu sprechen. Und selbst wenn wir es gelernt hätten, so sitzt doch die Angst tief, verachtet oder gar aufs Neue brüskiert zu werden, wenn wir zu jemandem sagen: »Das hat mich verunsichert, wie du mich da behandelt hast!«, oder: »Ich war enttäuscht, dass du dich so verhalten hast!«, oder auch nur: »Deine Worte haben mir wehgetan, auch wenn du es vielleicht gar nicht böse gemeint hast. Ich muss mit dir nochmals darüber reden!«

Um sich so zu äußern, braucht man eine gewisse Selbstsicherheit. Denn das Ziel dieser Mitteilung darf nicht sein, das Gegenüber anzuklagen und zu einem Schuldeingeständnis zu zwingen. Ziel sollte eine *Klärung* des Geschehens sein. Aufrichtige Liebe zwischen Menschen muss immer die Bereitschaft beinhalten, Störungen der Beziehung anzusprechen und aus dem Weg zu räumen, bevor sich ein Berg an Kränkungen auftürmt, der von einem oder beiden nicht mehr überstiegen werden kann. Zu dieser Bereitschaft gehört, auf voreilige Schuldzuweisungen und Anklagen zu verzichten. Entscheidend ist der ehrliche Wunsch, einander zu verstehen.

Menschen, die von dem inneren Antreiber »Zeige keine Schwächen!« bestimmt sind, haben hingegen in der Regel eine nur schwach ausgeprägte Fähigkeit zur (kritischen) Selbstwahrnehmung. Es fällt ihnen deshalb sehr schwer, bei Beziehungsstörungen auch die Möglichkeit eigener Mitschuld oder Mitverantwortung ins Auge zu fassen. Das aber ist wichtig, um das Problem anzusprechen und es zu klären. Stattdessen agieren solche Menschen in der Regel entweder nach der Devise »Angriff ist die beste Verteidigung« (was selten zu konstruktiven Gesprächen führt) oder nach dem Prinzip »Totschweigen«. Oft besteht die Kehrseite der Empfindlichkeit auch in einer ausgeprägten Selbstgerechtigkeit.[25]

Impulse aus den Erzählungen über Jesus

Jesus selbst konnte es durchaus zeigen, wenn er verletzt oder emotional aufgewühlt und betroffen war. Einige Beispiele:

- ▷ Als er einmal am Sabbat einen Menschen heilte und die finsteren Blicke der anwesenden Frommen bemerkte, fragte er sie, ob es am Sabbat erlaubt sei, Leben zu retten. Diese schwiegen verbissen (Markus 3,1-5). Daraufhin, so lesen wir, wurde Jesus zornig und traurig zugleich. Das bedeutet, dass ihn ihre Verweigerung, vielleicht auch ihre Unaufrichtigkeit persönlich kränkte und enttäuschte.
- ▷ Als Jesus nach seiner Verhaftung verhört wurde und nach einer mutigen Antwort von einem Diener einen Schlag ins Gesicht bekam, hielt er ihm nicht die andere Wange hin, sondern sagte betroffen: »Wenn ich etwas Unrichtiges gesagt habe, so beweise es, wenn ich aber nichts Unrichtiges gesagt habe, warum schlägst du mich?« (Johannes 18,22f).
- ▷ Als sich immer deutlicher abzeichnete, dass Jesus auch in Jerusa-

[25] Vgl. »Das verzeih ich dir nie«, a. a. O., S. 100ff.

lem auf Ablehnung stoßen würde, weinte Jesus »über die Stadt« (Matthäus 23,37).

▷ Als der Vater eines kranken Sohnes Jesus erzählte, dass seine Jünger nicht in der Lage gewesen seien, das Kind zu heilen, reagierte Jesus recht aufgebracht mit den Worten: »Oh, du ungläubiges Geschlecht, wie lange soll ich bei euch sein? Wie lange soll ich euch ertragen?« (Markus 9,19).

Fazit: Es ist enorm wichtig, dass wir lernen, Gefühle nicht nur nonverbal auszuleben, sondern auch mit Hilfe von Sprache klar auszudrücken. Denn das ist der erste Schritt zur Verständigung – und zur Vergebung.

6.7. »Wenn du scheiterst, bist du selbst schuld!«

Der Umgang mit Scheitern gehört zu den schwierigsten Kapiteln in unserem Leben. Scheitern bedeutet mehr, als hin und wieder Fehler zu machen. Scheitern bedeutet, ein gestecktes Ziel nicht erreicht oder in einem bestimmten Lebensbereich nicht die Erwartungen erfüllt zu haben, die man an sich selbst gestellt hat – oder die andere an uns stellten.

Es gibt ein Scheitern, das für die Umwelt deutlich erkennbar ist, und eines, das sich mehr im Verborgenen abspielt.

▷ Deutlich erkennbar ist das Scheitern einer Ehe oder Partnerschaft, wenn es in Trennung oder Scheidung mündet.

▷ Deutlich erkennbar ist das Scheitern eines Unternehmens, wenn es im Konkurs gipfelt.

▷ Deutlich erkennbar ist das Scheitern eines Berufswunsches, wenn die dafür notwendige Prüfung nicht erfolgreich absolviert wird – was wir umgangssprachlich »durchgefallen« nennen.

In dem Begriff »durchgefallen« klingt einiges von dem an, was das Scheitern so schwer erträglich macht: Es enthält das Wort »fallen« – damit assoziiert man hinfallen, umfallen, vom Sockel stürzen, den Halt verlieren, Hilflosigkeit. Die Vorsilbe »durch-« erinnert an die

Redewendungen: »durch die Maschen fallen« oder »bei jemandem unten durch sein«. Und tatsächlich empfinden sich Gescheiterte oft so, dass sie die Achtung ihrer Umwelt – und damit auch häufig die Selbstachtung – verloren haben.

Doch neben diesem deutlich erkennbaren Scheitern gibt es auch ein *heimliches* Scheitern, das unsere Mitmenschen unter Umständen gar nicht wahrnehmen – weil sie nicht wissen, was wir insgeheim für Ziele verfolg(t)en oder welche Normen wir für uns selbst aufgestellt haben.

Dieses heimliche Scheitern ist zwar nicht unbedingt mit dem Achtungsverlust unserer Umwelt verbunden, sehr wohl aber mit dem Verlust oder der Erschütterung unserer Selbstachtung:

▷ Wir kämpfen mit Enttäuschung, weil unser Sohn nicht den Ausbildungsweg einschlägt, den wir uns für ihn vorgestellt haben ...
▷ Wir sind entsetzt, welche Partnerwahl unsere Tochter trifft, und fragen uns, ob wir ihr so wenig von unseren Normen und Werten vermitteln konnten, dass sie »so einen Mann« wählt ...
▷ Wir haben uns ohne Wissen anderer irgendwo beworben und eine Absage erhalten ...
▷ Wir hatten insgeheim mit einer Beförderung in der Firma oder am Arbeitsplatz gerechnet und stellen fest, dass ein anderer Mitarbeiter vorgezogen wurde ...
▷ Wir haben um eine Freundschaft geworben und wurden zurückgewiesen ...

Man könnte die Zahl dieser von uns als Niederlagen empfundenen Erfahrungen sicherlich beliebig vermehren. Ausschlaggebend ist nicht unbedingt, ob unsere *Mitmenschen* etwas von unserem Scheitern erfahren, sondern: wie gravierend *wir selbst* die Niederlage empfinden. Das wird sich allerdings in unserer Stimmung und unserem Verhalten anderen gegenüber auswirken.

Mahatma Gandhi erzählte einmal davon, wie sein Vater mit Scheitern umging – eine beeindruckende Erfahrung, die den Sohn sicher für sein ganzes Leben prägte: »Ich war fünfzehn Jahre alt, als ich einen Diebstahl beging. Weil ich Schulden hatte, stahl ich meinem Vater ein goldenes Armband, um sie zu bezahlen. Aber ich konnte die Last meiner Schuld nicht ertragen. Als ich vor ihm stand, brachte ich vor Scham den Mund nicht auf. Ich schrieb also mein Bekenntnis nieder. Als ich ihm den Zettel überreichte, zitterte ich am ganzen Körper. Mein Vater las den Zettel, schloss die Augen und dann – zerriss er ihn. ›Es ist gut‹, sagte er noch. Und dann nahm er mich in die Arme.«

Wir lernen aus den Reaktionen unserer wichtigsten Bezugspersonen, wie man mit Scheitern umgeht. Haben wir gelernt, uns deswegen zu verachten oder gar insgeheim zu verdammen – oder gehen wir barmherzig mit uns um? »Sage mir, wie du mit deinem Versagen umgehst, und ich sage dir, wie du auf das Scheitern anderer Menschen reagieren wirst.« *Denn wir gehen mit anderen selten barmherziger um, als wir mit uns selbst umgehen.*

Doch was heißt es eigentlich, barmherzig mit unserem eigenen Scheitern umzugehen? Es heißt gewiss nicht, dieses Scheitern zu bagatellisieren im Sinne von: »Ist doch gar nicht so schlimm.« Mit einer solchen Selbsttäuschung ist niemandem gedient, sie verhindert lediglich, dass wir aus Niederlagen auch etwas lernen. Barmherzigkeit bedeutet auch nicht, dass wir die Verantwortung von uns weg auf andere schieben: »Ich bin nicht schuld, sondern ...«. Auch das ist eine Selbsttäuschung, weil damit der eigene Anteil am Geschehen ignoriert bzw. geleugnet wird. In diesem Fall gilt die Erkenntnis, die ich einmal aus dem Munde des sowjetischen Politikers Michail Gorbatschow hörte: »Wer aus den Fehlern der Vergangenheit nichts lernt, ist dazu verdammt, sie zu wiederholen.«

Barmherzigkeit, wie ich sie verstehe, bedeutet, mir die Möglichkeit des Scheiterns zuzugestehen – in dem Bewusstsein, dass Gott sie uns ebenfalls zugesteht. Er hat uns als unvollkommene Wesen geschaffen. Das ist kein Freibrief für Versagen und Schuld, aber es ist eine Erklärung dafür, weshalb wir es als Menschen einfach nicht fertig bringen, ohne Scheitern oder Rückfall durchs Leben zu kommen. Wahrscheinlich würden wir auch unsäglich hochmütig werden, wenn wir nicht hin und wieder in unserem Leben solche Erfahrungen machten. Zumindest habe ich das so bei Menschen beobachtet, die sich die Niederlagen ihres Lebens entweder nicht eingestehen oder die tatsächlich noch kein gravierendes Scheitern erlebt haben. Sie verfallen allzu leicht dem naiven Glauben: »Jeder ist seines Glückes Schmied – und ich habe eben alles richtig gemacht.« Was im Umkehrschluss bedeutet: »Wer scheitert, ist selbst schuld.«

Dies ist ein unbarmherziges, gnadenloses Urteil, das der Wirklichkeit fast nie gerecht wird. Denn selten ist jemand an seinem Scheitern komplett allein schuld (obwohl es das auch gibt). Es müssen vielmehr verschiedene Umstände zusammenwirken, die wir als Einzelne nur teilweise mit beeinflussen können.

Ein Beispiel: Ein Ehemann verlässt seine Familie, weil er sich in eine andere Frau verliebt hat. Für die verlassene Ehefrau bedeutet dies eine Katastrophe, denn sie ist mit ihrem Ziel, eine gute Ehe zu führen und sie durchzuhalten, gescheitert. Nun gibt es zwei Extremurteile. Das eine sagt: »Du armes Opfer dieses Egoisten! Selbstverständlich bist du vollkommen unschuldig an dem Scheitern deiner Ehe!« Das andere Urteil lautet: »Wenn ein Mann seine Frau verlässt, hat er dafür Gründe. Wäre er mit dir glücklich gewesen, hätte er sich nicht in eine andere Frau verliebt.«

Sie merken: Beide Urteile sind viel zu pauschal und leisten lediglich dem allzu bequemen Schubladendenken Vorschub. Wer selbst schon Opfer eines solchen Pauschalurteils wurde, weiß, wie weh es tut, solchermaßen »abgestempelt« zu werden. Man kann sich nicht wehren und weiß doch: Dieses Urteil wird mir nicht gerecht, damit wird die Situation nicht annähernd zutreffend erfasst.

Auch die bis vor kurzem noch weit verbreitete Überzeugung vieler Arbeitgeber und -nehmer: »Wer arbeiten will, findet immer etwas, und wer arbeitslos ist, ist nur zu faul zum Arbeiten«, war für viele, die sich verzweifelt um Arbeit bemühten, eine schwere Belastung. Kamen doch zum stark erschütterten Selbstwertgefühl noch Verachtung und Vorwürfe der Umwelt hinzu. Inzwischen hat sich – eine tröstliche Nebenerscheinung der verschärften wirtschaftlichen Situation – die Erkenntnis durchgesetzt, dass oftmals auch Einflussfaktoren eine Rolle spielen, die der Betroffene einfach nicht in der

Hand hat: zum Beispiel sein Alter oder eine gesundheitliche Beeinträchtigung, die ihn für Arbeitgeber von vornherein und unabhängig von seiner Kompetenz unattraktiv machen.

Bedenklich erscheint mir, dass in christlichen Gemeinschaften oft nicht wesentlich anders auf das Scheitern reagiert wird als in nichtchristlichen Kreisen. Nicht selten wird ein Scheitern, z. B. das Endc einer Ehe oder die Probleme mit einem Kind, stillschweigend übergangen, weil alle peinlich berührt sind und nach der Devise handeln: »Einfach nicht beachten, dann muss ich auch nicht Stellung beziehen.« Häufig hat dieses Stillschweigen zur Folge, dass man den Betroffenen unauffällig aus dem Weg geht, was diese natürlich spüren und erst recht verletzt. Oder aber das Scheitern wird zwar angesprochen, aber nicht mit dem Wunsch, den Betroffenen besser zu verstehen, sondern mit der Absicht, ihn zu ermahnen oder gar »zur Buße zu rufen«. Besser wäre es allerdings, den Betroffenen erst einmal zu fragen, wie er selbst sein Erleben bewertet und verarbeitet, um ihm dann behutsam eventuell die eigene Sichtweise zu erläutern.

Impulse aus den Erzählungen über Jesus

Wie ist Jesus mit Menschen umgegangen, die nach der damaligen öffentlichen Meinung gescheitert waren? Es fällt auf, dass Jesus streng unterschieden hat zwischen jenen, die sozusagen mutwillig und vorsätzlich gegen Gottes Gebote verstießen, und jenen, bei denen eher von einer menschlichen Schwäche als Grund für ihr Scheitern auszugehen war.

Das bedeutete: Wer mutwillig, d. h. *im Bewusstsein* des damit verbundenen Unrechts oder Risikos gegen Gottes Gebot verstieß, konnte nicht mit Jesu Barmherzigkeit rechnen. Im Gegenteil: In solchen Fällen verkündete Jesus, dass der Betreffende die Konsequenzen seines Verhaltens in voller Härte tragen musste – und zwar in diesem Leben und in der Ewigkeit. Dies bestürzt und befremdet uns heutige Leser, doch die von Jesus erzählten Geschichten sind sehr klar in ihrer Aussage (vgl. beispielsweise Lukas 19,11-28 und Matthäus 18,21-35).

Doch wie reagierte Jesus persönlich auf Menschen, die aufgrund ihrer Taten in der öffentlichen Meinung als Gescheiterte galten? Hierzu gibt es etliche interessante Berichte, von denen ich angesichts ihrer Inhaltstiefe und Aussagekraft vier ausführlich darstellen möchte.

- In der Begegnung mit dem reichen Zollbeamten Zachäus verhält Jesus sich geradezu unerhört barmherzig. Zachäus war aus materieller Sicht erfolgreich, aus religiöser Sicht gescheitert, denn die Zusammenarbeit mit den heidnischen Römern war nach jüdischem Denken eine so schwere Schuld, dass man seinen »Platz im Himmel« sozusagen verwirkt hatte. Als Jesus nach Jericho kam und Zachäus im Blattwerk eines hohen Baumes erblickte, da sah er in ihm offensichtlich nicht den willkürlichen Ausbeuter, sondern den »bedürftigen Menschen« – bedürftig nach Nähe und Gemeinschaft, möglicherweise auch nach Liebe und Wertschätzung. Andernfalls, so wohl Jesu Gedanke, hätte dieser kleinwüchsige Mann sich kaum der Mühe unterzogen, vorauseilend einen Baum zu erklettern, nur um den vorbeiwandernden Jesus genau in Augenschein nehmen zu können. Jesus reagierte auf dieses ungewöhnliche Engagement mit einer Entscheidung, die er als gesetzestreuer Jude nicht hätte treffen dürfen: Er lud sich bei Zachäus ein. Er schenkte ihm seine Nähe, die Gemeinschaft mit ihm. Dieser, hocherfreut, richtete ihm und seinen Jüngern ein Gastmahl aus, zu dem er gleich einige seiner Kollegen und Freunde mit einlud.

Es muss ein äußerst aufwühlendes Erlebnis für Zachäus gewesen sein, dass Jesus ihm quasi die Ehre seines Besuchs erwies, ohne die Gelegenheit zu nutzen, Zachäus sein korruptes berufliches Treiben vorzuhalten. Die Barmherzigkeit Jesu bestand ja nicht nur in seinem Kommen, sondern auch darin, den Zollbeamten nicht vor aller Ohren und Augen mit einer moralischen Standpauke bloßzustellen. Stattdessen überließ Jesus es dem Zachäus selbst, welche Konsequenzen er aus der Begegnung mit ihm ziehen würde. Man könnte auch sagen: Jesus schenkte ihm seine Nähe – aber er trat Zachäus nicht zu nahe, sondern achtete ihn in seiner Entscheidungsfreiheit (Lukas 19,1-10).

- Bei der nur von Johannes erzählten Begegnung mit einer soeben »in flagranti« ertappten Ehebrecherin ging es dem Verfasser vermutlich weniger um die Frage, wie Jesus diese Frau behandelte. Vermutlich wollte er vor allem zeigen, wie Jesu Gegner ihn mit aller Macht in eine Art »moralisches Dilemma« zu bringen versuchten, um daraus einen Anklagepunkt gegen ihn abzuleiten – und wie souverän Jesus sich ihrer Falle entzog. Offensichtlich war Jesus zu diesem Zeitpunkt seiner öffentlichen Wirksamkeit schon für seinen unkonventionellen Umgang mit Sündern und Sünderinnen aller Art bekannt, so dass es keineswegs vorauszusagen war, wie er auf die »Gesetzesbrecherin« reagieren würde. Man schleppte die wahrscheinlich vor Scham am liebsten im Boden versinkende Frau zu Jesus, um den sich vermutlich sofort eine neugierige Menge sammelte. »Was sollen wir mit ihr tun – du weißt: Mose hat befohlen, Ehebrecherinnen zu steinigen!« So lautete die Frage, die von den Schriftgelehrten und Pharisäern an Jesus gerichtet wurde. Auf diese Weise wurde Jesus in eine Rolle gedrängt, die er vermutlich von sich aus nicht gesucht hätte – die Rolle des Richters, der über Leben und Tod eines Menschen entscheiden soll, den er gar nicht kennt.

Da Jesus grundsätzlich das Gesetz respektierte und niemals die Absicht hatte, seine Gültigkeit pauschal in Frage zu stellen, war ihm ein schlichter Freispruch der Frau nicht möglich, denn das hätte eine Missachtung des Gebots, nicht die Ehe zu brechen, bedeutet. Andererseits sah Jesus in dieser »Gescheiterten« – denn das war sie, zumindest, was ihr öffentliches Ansehen und ihre Stellung vor Gott betraf – keine Person, die für ihr Handeln den Tod verdient hätte. Anstatt sich an dieser Stelle jedoch in eine langwierige intellektuelle oder theologische Diskussion einzulassen, konzentrierte sich Jesus auf ein ganz anderes Problem, das er offenbar für wichtiger hielt als die Frage nach der gerechten Strafe: nämlich wie mit »Versagern« oder, fromm ausgedrückt, mit Sündern umzugehen sei. Jesu Antwort an die Pharisäer und Schriftgelehrten bestand deswegen aus keinem Urteil, sondern aus einer sehr schlichten Verfahrensempfehlung: »Wer ohne Sünde ist, der werfe den ersten Stein.« Damit verlagerte Jesus das Problem in entscheidender Weise: Im Vordergrund stand mit einem Mal nicht mehr die Frage nach dem juristisch richtigen Strafmaß, sondern nach dem Umgang jedes Einzelnen mit seiner *eigenen* Schuld und Unvollkommenheit. Das sollte der Maßstab sein, mit dem er auch andere beurteilte! Die Empfehlung Jesu entsprach seiner mehrmals in den Evangelien bezeugten Äußerung: »Ihr werdet (von Gott) mit dem Maß gemessen, mit dem ihr andere messt, und ihr werdet von ihm mit der Strenge oder Barmherzigkeit gerichtet, mit der ihr andere richtet« (Matthäus 7,1f). Darüber hinaus entspricht diese Empfehlung im Grunde genommen auch dem jüdischen, von Jesus positiv aufgegriffenen Grundsatz: »Behandelt andere Menschen so, wie ihr von ihnen behandelt werden wollt« (Matthäus 7,12) – und niemand wünscht sich im Fall seines Versagens unbarmherzige Richter.

Mit seiner Antwort wurde Jesus allen Beteiligten gerecht – und blieb sich selbst doch treu. Er wurde den Fragestellern gerecht, indem er ihnen die Antwort nicht schuldig blieb und sie gleichzeitig auf das eigentlich brisante Problem ihrer Frage hinwies. Er wurde der angeklagten Frau gerecht, indem er sie nicht ohne näheres Ansehen der Person verurteilte, sondern sich schützend vor sie stellte, ohne ihr Vergehen zu verharmlosen – wie die beim Abschied unter vier Augen (!) erfolgte Aufforderung »Sündige hinfort nicht mehr!« unmissverständlich deutlich macht. Und er wurde sich selbst und seiner Sendung gerecht, indem er die Menschen auf den eigentlichen Sinn, das eigentliche Ziel aller Gebote hinwies – nämlich nicht unbarmherziges Richten und Blutvergießen im Namen Gottes, sondern ein von gegenseitiger Achtung und Wertschätzung, aber auch von Güte und Vergebungsbereitschaft bestimmter mitmenschlicher Umgang (Johannes 8,1-11).

- Diese Güte und Vergebungsbereitschaft praktizierte Jesus auch dann, als er selbst das »Opfer« menschlichen Versagens war. Nachdem ihn sein Jünger Petrus nach seiner Verhaftung dreimal verleugnet hatte[26], traf Jesus ihn, so erzählt Johannes, nach der Auferstehung in seiner Heimat am See Genezareth wieder. Jesus verzichtete auf jeden Vorwurf. Doch er tat auch nicht einfach so, als sei nichts geschehen, als stünde nicht etwas Wichtiges zwischen Petrus und ihm. Was tat er stattdessen? Er stellte Petrus eine Frage – dreimal, so wie dieser ihn dreimal verleugnet hatte. Damit war der Bezug klar. Die Frage lautete ganz schlicht: »Petrus, hast du mich lieb?« Diese Frage machte nur Sinn, wenn Jesus nach wie vor an einer intensiven, vertrauensvollen Beziehung zu Petrus interessiert war – was voraussetzte, dass er ihm sein Scheitern vergeben hatte. Die Barmherzigkeit Jesu drückte sich in dieser Situation darin aus, dass er Petrus nicht anklagend, d. h. an seinen Defiziten orientiert fragte: »Warum hast du das nur getan? Wie soll ich dir nach diesem Versagen jemals wieder vertrauen?«, sondern dass er quasi »ressourcenorientiert« auf ihn zuging: »Ich vergesse nicht, was geschehen ist – aber ich reduziere dich nicht darauf. Ich weiß um deine Schwächen, aber auch um deine Stärken, um die in dir noch schlummernden Möglichkeiten, und ich weiß: In der Liebe zu mir wirst du sie verwirklichen« (Johannes 21,15-18).
- Eines der wichtigsten und zu Recht berühmtesten Gleichnisse, die Jesus erzählte, handelt von einem Sohn, der sich von seinem Vater vorzeitig das Erbe auszahlen ließ, um endlich von ihm wegzukommen und in der Fremde seine Freiheit auszuleben. Sein Weg führt letzten Endes in eine Sackgasse, ins totale Scheitern, aus dem heraus dem Sohn die Rückkehr zum Vater als einziger Ausweg erscheint. Allerdings unter veränderten Voraussetzungen: Ihm ist klar, dass er durch sein Verhalten und die Forderung seines Erbteils seinen Anspruch verwirkt hat, vom Vater aufs Neue in die alte Position des »Sohnes mit allen

[26] Siehe S. 24.

Rechten« eingesetzt zu werden. Lediglich als rechtloser Tagelöhner hofft er bei ihm noch unterzukommen. Dennoch kehrt er zurück – im vollen Bewusstsein seines Scheiterns. Er legt ein Schuldbekenntnis ab – doch der Vater kommt ihm mit einem Verhalten zuvor, das den Sohn vollkommen überrascht – nämlich mit einer geradezu maßlosen Freude und Barmherzigkeit angesichts des heimgekehrten »verlorenen« Sohnes. Nicht nur, dass der Vater ein großes Fest anordnet – er setzt darüber hinaus den Sohn unverzüglich wieder in seine alte Position ein: »Du bist und bleibst mein Sohn und wirst von mir niemals anders behandelt werden.«[27] Der Zweck dieser enorm spannenden und inhaltsreichen Geschichte war, durch den Vater und sein Handeln Gottes Handeln deutlich zu machen. Ein Handeln allerdings, das bei aller Güte und Barmherzigkeit auf die *Umkehr* des Gescheiterten angewiesen ist (Lukas 15,11-24).

Fazit: Alle Berichte, die Jesu Begegnungen mit »Gescheiterten« schildern, bezeugen, dass Jesus diese Menschen nicht verdammte, sondern ihnen Gottes Gnade und Barmherzigkeit zusprach.

6.8. »Mach es möglichst allen recht!«

Dieser Antreiber hat seine Wurzeln in dem Wunsch, von allen Menschen geliebt oder wenigstens geschätzt zu werden. Die einfachste Methode, dies zu erreichen, besteht darin, ihnen möglichst oft entgegenzukommen, d. h., ihre Wünsche zu erfüllen. Menschen, die diesen Antreiber in sich tragen, haben oft als Kinder die Erfahrung gemacht, dass sie am meisten Lob und Anerkennung erhielten, wenn sie »lieb« waren, mit anderen Worten: wenn sie

[27] Jesus macht dies mit einer damals von allen Zuhörern verstandenen Symbolhandlung des Vaters deutlich: Er ließ dem Sohn einen Ring an den Finger stecken (Lukas 15,22).

sich den Bedürfnissen der für sie maßgeblichen Erwachsenen anpassten. Gerade Mädchen, vor allem wenn sie das älteste von mehreren Geschwistern waren, wurden früher häufig in die Rolle gedrängt, »vernünftig« sein zu müssen – wo doch die Buben so anstrengend sind, wo doch die kleineren Geschwister Mutters ganze Kraft in Anspruch nehmen. Älteste Töchter mussten oft auch frühzeitig funktionieren, d. h. Verantwortung in der Familie übernehmen – ihre eigenen Bedürfnisse wurden wenig berücksichtigt, galt es doch, die Mutter zu unterstützen und zu entlasten. So wurden sie in gewisser Weise um einen Teil ihrer Kindheit gebracht. Eine Frau erzählte mir: »Ich war die Älteste und hatte, da meine Eltern beide in der Landwirtschaft tätig waren, ganz allein die Verantwortung für meine jüngeren Geschwister. Der Pfarrer, der neben uns wohnte, bemerkte, dass ich mit dieser Aufgabe überfordert war. Er sorgte dafür, dass ich in ein Internat kam – das war meine Rettung.« Doch viele Frauen hatten keinen einfühlsamen Pfarrer oder Nachbarn, der sie so engagiert vor Überforderung schützte.

Ähnliches gilt für jene Männer, die nach dem Zweiten Weltkrieg bei ihren Müttern so etwas wie Partnerersatz waren, weil die Väter bzw. Ehemänner im Krieg geblieben waren. Diese Männer haben oft nicht gelernt, Nein zu sagen und sich abzugrenzen, da doch die Mutter so auf sie angewiesen war und sie darüber hinaus mit ihrer ganzen Liebe überschüttete. Heirateten diese »einzigen Söhne«, war das oft der Beginn eines langen Dramas: Die Mutter wollte den Sohn nicht loslassen, der Sohn hatte nicht die Kraft, sich entschieden auf die Seite seiner Ehefrau zu stellen – diese musste stattdessen irgendwann voller Enttäuschung feststellen, dass sie keinen Ehemann, sondern einen »Muttersohn« geheiratet hatte.[28] Ich kenne nicht wenige Ehen, die durch diese Konstellation schwer belastet

[28] Besonders verheerend war diese Konstellation, wenn die Ehefrau in das Haus der Schwiegereltern zog. Dabei musste die Mutter des Ehemanns nicht unbedingt verwitwet sein; es reichte, wenn sie in ihrer Ehe unzufrieden war und deshalb ihre emotionale Energie bevorzugt auf den Sohn konzentrierte.

waren und unter heutigen Verhältnissen wahrscheinlich in einer Scheidung geendet hätten.[29]

Nicht Nein sagen können, weil man zu früh in die Pflicht genommen wurde und gar nicht mehr die Gelegenheit hatte, auf die eigenen Bedürfnisse zu hören, hat jedoch im späteren Leben schwere Nachteile. Zum einen lernen solche Menschen nicht, auf die Signale ihres Körpers zu hören. Sie sind deswegen in besonders hohem Maße Stress durch Selbstüberforderung ausgesetzt.[30] Dies führt zu einem erhöhten Risiko, seelisch oder körperlich krank zu werden. Zum anderen machen diese Menschen über kurz oder lang die Erfahrung, dass sie mit ihrem Wunsch, es allen recht zu machen, etwas ganz anderes ernten, als sie eigentlich erhofft hatten. Nicht Anerkennung und Wertschätzung ist die Konsequenz, sondern häufig: mehr oder weniger bewusstes Ausgenutztwerden, verbunden mit latenter Geringschätzung. Wie kommt das? Menschen, die unfähig sind, Nein zu sagen und Grenzen gegenüber anderen Personen zu ziehen, werden von ihrer Umwelt als schwach wahrgenommen – man spürt, dass hinter der Gutmütigkeit keine Stärke oder gar Überlegenheit steht, sondern eher Abhängigkeit. Es mangelt solchen Menschen an Selbstwertgefühl und Selbstbewusstsein. Deshalb wagen sie es nicht, Wünsche abzulehnen – könnten sie sich doch auf diese Weise das Wohlwollen des anderen verscherzen.

Auch in der Kindererziehung lässt sich heute häufig beobachten, dass Mütter – mehr als Väter – Angst haben, die Zuneigung ihrer Kinder aufs Spiel zu setzen, wenn sie ihnen Wünsche abschlagen oder konsequent Grenzen ziehen. Die Kinder spüren diese Unsicherheit ihrer Bezugspersonen – und werden selbst unsicher und infolgedessen aggressiv, weil sie die Festigkeit und Stabilität vermis-

[29] Auch den umgekehrten Fall gibt es allerdings: dass sich die Tochter niemals von der Mutter gelöst hat und der Ehemann deshalb immer an zweiter Stelle kommt – was auch diese Ehen belastet. Ich kannte einen Fall, wo die Ehe aufgrund dieser Situation – die Mutter wohnte im selben Haus wie die Tochter samt Familie – in die Brüche ging.

[30] Vgl. hierzu mein Büchlein »Wer immer nur gibt ... gibt irgendwann auf«, Gießen 2005.

sen, an der sie sich orientieren und »festhalten« können. So kommt nicht selten ein Teufelskreis in Gang. Der Nachgiebige spürt, dass ihm seine Nachgiebigkeit nicht die Anerkennung einträgt, die er sich erhofft hat – was sein Selbstwertgefühl noch mehr herabsetzt. Wichtig wäre auch hier, sich die *Ursachen* des inneren Antreibers bewusst zu machen. Darüber hinaus gilt es, zu erkennen, dass nur Menschen, die *sowohl Ja als auch Nein* sagen können, für ihre Mitmenschen, seien es Kinder oder Erwachsene, echte Gegenüber sind, mit denen eine Beziehung möglich ist. Denn eine Verbindung, die nur darauf beruht, dass der eine den anderen für die eigenen Interessen und Bedürfnisse gebrauchen kann, ist keine wirkliche Beziehung, sondern bestenfalls eine – allerdings recht einseitige – Zwekkgemeinschaft: Der Schwache lässt sich vom Starken benutzen und wird dafür mit Brosamen der Zuneigung belohnt, die ihn allerdings nie satt werden lassen.

Eine große Rolle spielen neben frühen Rollenzuschreibungen selbstverständlich auch hier die Vorbilder, die wir in der Kindheit hatten. Dabei identifizieren wir uns in der Regel als Töchter mit der Mutter und als Söhne mit dem Vater – allerdings nicht immer. Ein Mann, der lange Zeit Alkoholiker war, erzählte mir: »Mein Vater war Alkoholiker, solange ich ihn kenne, und hat mit seiner Gewalttätigkeit die ganze Familie tyrannisiert. Was wurden wir nicht von ihm geschlagen, was hat er nicht alles an Zerstörung angerichtet! Und meine Mutter, die konnte sich nicht wehren, die hat immer nur versucht, irgendwie durchzukommen, die konnte sich auch nicht gegen unseren Vater stellen. Und genau dieses Verhalten habe ich von ihr dann auch übernommen – sich alles gefallen lassen, nie hinstehen, nie sagen: ›So nicht!‹ ... Und das wurde natürlich von den anderen ausgenutzt, von meiner Frau, den Arbeitskollegen. Auf diese Weise bin ich dann auch ins Trinken reingerutscht, obwohl ich es bei meinem Vater so gehasst habe ...« Erst als dieser Mann seine inneren Antreiber in einer Entziehungskur mit Hilfe eines einfühlsamen Therapeuten klar erkannte, war er in der Lage, mit dem Trinken aufzuhören und sich als Mensch tief greifend zu verändern – allerdings, wie er betonte, dank Gottes Hilfe, denn es war ihm vollkommen klar, dass er es aus eigener Kraft allein nicht schaffen würde.[31]

Auch Christen leiden häufig unter einem schwachen Selbstwertgefühl und versuchen, durch besondere Anpassung, Hilfsbereitschaft und Selbstlosigkeit anderen gegenüber Anerkennung zu bekommen. Sie hoffen auf menschliches und insgeheim wohl auch auf göttliches Lob und Wohlwollen. Dazu kommt bei vielen Frommen die Angst, für egoistisch gehalten zu werden, wenn sie eigene Bedürfnisse anmelden, eine Bitte abschlagen oder Grenzen ziehen, um sich vor Überforderung zu schützen. Diese Menschen lassen aber vollkommen außer Acht, dass ehrliche Nächstenliebe immer ehrliche Selbstliebe voraussetzt. Sie haben zwar den Wortlaut des Gebotes »Du sollst deinen Nächsten lieben ...« im Ohr, ignorieren aber den zweiten Teil »... wie dich selbst«!

Impulse aus den Erzählungen über Jesus

Viele Menschen haben von Jesus das Bild, dass er für alle Menschen da war, bereitwillig Wünsche erfüllte und den Menschen »sanftmütig und demütig« begegnete, zumal er sich selbst ja so charakterisiert hat (Matthäus 11,29). Doch Sanftmut und Demut sind nur dann Charakterstärken, wenn – und das gilt für alle so genannten Tugenden – der Mensch auch zur *gegenteiligen* Emotion oder Verhaltensweise fähig ist. Und dies war bei Jesus ganz offensichtlich der Fall: Er war nicht nur sanftmütig und demütig, sondern er war auch ein Mensch, der zornig werden konnte und sich nicht vor jeden Karren spannen ließ. Der die Motive der Menschen, die ihn um etwas baten, genau anschaute, bevor er Ja sagte. Ein Mensch, der wusste, was er wollte und was er nicht wollte – und sich davon nicht leicht abbringen ließ. Einige Beispiele:

[31] Das Interview, das ich hier nur sinngemäß wiedergegeben habe, ist wörtlich nachzulesen in meiner Dissertation: »... wie auch wir vergeben unseren Schuldigern – Der Prozess des Vergebens in Theorie und Empirie«, Kohlhammer Verlag 2003, S. 247ff.

- Als Jesus von einem Mann gebeten wurde: »Meister, sage meinem Bruder, dass er mit mir das Erbe teile!«, da fuhr ihn Jesus an: »Mensch, wer hat mich zum Richter oder Erbteiler über euch gesetzt?« (Lukas 12,13f). Mit anderen Worten: Jesus verweigerte sich, weil er es nicht als seine Aufgabe ansah, familiäre Erbstreitigkeiten zu schlichten.
- Jesus war auf eine Hochzeit eingeladen. Frühzeitig ging der Wein zur Neige. Jesu Mutter machte ihren Sohn darauf aufmerksam – offenbar in der Erwartung, dass er für Abhilfe sorgen würde. Jesus reagierte recht barsch: »Frau, was geht es dich an, was ich tue? Meine Stunde ist noch nicht gekommen.« Selbst von seiner eigenen Mutter, die er hier distanziert als »Frau« bezeichnete (wohl um deutlich zu machen, dass er ihr nicht mehr unterstellt ist), ließ Jesus sich nicht ohne weiteres etwas sagen. Dies war eine klare Abgrenzung, die jedoch von der Mutter interessanterweise nicht übel genommen wurde. Im Gegenteil, sie blieb unerschütterlich in ihrem Vertrauen zu ihrem Sohn und sagte zu den Dienern: »Tut, was er euch sagt.« Und in der Tat wurde Jesus aktiv – aber: Es war *seine* Entscheidung, nicht die Entscheidung seiner Mutter! (Johannes 2,1-12).
- Als Jesus in Jerusalem weilte und dort durch seine Tempelreinigung beträchtliches Aufsehen erregte[32], fragten ihn die Hohenpriester und Ältesten des Volkes: »Mit welcher Vollmacht tust du das, und wer hat dir diese Vollmacht gegeben?« Jesus spürte, dass sie ihn in eine Falle locken wollten, und konterte mit einer Gegenfrage, auf die sie ihm die Antwort schuldig blieben. Nicht weil sie keine Antwort hatten, sondern weil sie vor den Konsequenzen ihrer Antwort zurückscheuten. Jesus wusste dies genau, und als sie ihm scheinheilig auf seine Frage antworteten: »Wir wissen es nicht«, sagte er: »Dann sage ich euch auch nicht, aus welcher Vollmacht heraus ich das tue« (Matthäus 21,23-27).
- Als Jesus sich auf nichtjüdisches Gebiet zurückzog, wurde er prompt von einer Frau erkannt und gebeten, ihre Tochter zu hei-

[32] Siehe S. 99

len. Jesus reagierte nicht, wie man es von ihm gewohnt ist, indem er ihrem Wunsch nachkam, sondern er ignorierte die Bittstellerin erst einmal, dann wies er sie schroff ab: »Ich bin nur gesandt zu den verlorenen Schafen des Hauses Israel!« Das zeigt, dass er auch hier die Freiheit besaß, selbst zu entscheiden, wem er helfen wollte und wem nicht – er ließ sich nicht auf eine Rolle festlegen. Als die Frau jedoch unerschrocken, demütig und gleichzeitig beharrlich blieb, erfüllte er ihren Wunsch – möglicherweise hatte ihn ihre vertrauensvolle Haltung beeindruckt, oder ihre Argumentation hatte ihm eingeleuchtet (Matthäus 15,21-28).

- Jesus war bei Maria und Martha zu Gast und sprach vor einer Zuhörerschar.[33] Martha forderte ihn auf, ihre Schwester Maria (die Jesus zuhörte) zu ihr zu schicken, um ihr zu helfen: »Herr, interessiert es dich nicht, dass meine Schwester mich allein arbeiten lässt? Sag ihr doch, dass sie sich auch an der Arbeit beteiligen soll!« Jesus aber antwortete (ich übersetze frei): »Martha, Martha, ich sehe wohl, wie viel Mühe du dir machst. Doch etwas anderes ist (jetzt) wesentlicher. Maria hat die richtige Wahl getroffen, das soll ihr nicht genommen werden.« Auch auf die Gefahr hin, Martha damit zu verletzen: Jesus sagte das, was er für richtig und wichtig hielt – nicht das, was Martha gerne gehört hätte.
- Jesus war in ein Haus eingekehrt. Es war so voll, dass seine Mutter und seine Brüder (und Schwestern) nicht zu ihm vordringen konnten. Als man Jesus sagte, sie stünden draußen und wollten ihn sprechen, schaute er die vor ihm Sitzenden an und antwortete: »Wer sind meine Mutter und meine Geschwister? Wer den Willen Gottes tut, der ist mein Bruder, meine Schwester und meine Mutter« (Markus 3,31-35). Nicht nur nach damaligem Denken war diese Abgrenzung Jesu ein ungeheurer Affront gegenüber seiner Familie. Denn Jesus machte mit seiner Antwort deutlich, dass für ihn Blutsbande nicht mehr oberste Priorität hatten, sondern dass er selbst darüber entschied, zu wem er in welcher Art der Beziehung stehen wollte.

[33] Siehe S. 23.

Fazit: Diese Beispiele machen deutlich, wie wenig Jesus bereit war, Erwartungen und Forderungen, die an ihn gestellt wurden, ungeprüft zu erfüllen – ganz im Gegenteil. Er wusste um seinen Auftrag – die Frohe Botschaft vom Reich Gottes zu verkündigen und Menschen zur Nachfolge einzuladen – und war nicht bereit, sich davon abbringen zu lassen, auch nicht von Menschen, die ihm nahe standen oder ihm viel bedeuteten.

6.9. »Erlaube dir keine Zweifel oder Glaubenskrisen!«

Meines Erachtens gehört es zur geistlichen Entwicklung eines Menschen einfach dazu, dass er an dem, was er bisher glaubte, irgendwann zweifelt – wenn nicht an allem, so doch an Teilen davon. Das Gegenteil von Zweifel wäre »unerschütterliche Gewissheit«, und wer sich allzu früh in seinem Glauben hinter solchen Gewissheiten verschanzt, zeigt damit, dass er sich der Komplexität der Wirklichkeit mit all ihren Fragen und Unwägbarkeiten im Grunde nicht stellen will. Stattdessen baut er sich ein selbst gewähltes Ghetto aus Überzeugungen und versucht, den Rest seines Lebens dieses Ghetto vor Erfahrungen zu schützen, die es zum Einsturz bringen könnten. Wer hingegen in der Nachfolge bleibt, bleibt auch geistig und geistlich »unterwegs« und kann deshalb auch niemals mit allen Fragen fertig sein. Der Weg des Glaubens bedeutet Wagnis und Entwicklung, nicht Sicherheit und Stillstand.

Hilfreich ist auch hier ein Blick auf die tiefgründige hebräische Sprache. Glauben heißt im Hebräischen Vertrauen, und Vertrauen heißt wörtlich: »sich festmachen in etwas anderem«. Wer jemandem vertraut und sich auf ihn verlässt, ist sich immer des Risikos bewusst, dass sein Vertrauen auch enttäuscht werden könnte. Wer hingegen von »Gewissheit« spricht, versucht dieses Risiko auszublenden oder als nicht vorhanden darzustellen. Wessen ich gewiss bin, das muss ich schließlich nicht mehr glauben.

Beispiel: Ich glaube nicht, dass ich Beate heiße, sondern ich weiß es. Ich glaube auch nicht, dass ich verheiratet bin, sondern ich bin mir dessen gewiss. Beides ist nämlich nachprüfbar. Andererseits glaube ich, dass ich ein umgänglicher Mensch bin – letztlich sicher bin ich mir dessen jedoch nicht, da ich niemals umfassend darüber informiert sein werde, wie andere Menschen mich erleben. Ich glaube auch, dass ich gesund bin – doch auch das kann ich nicht mit letzter Gewissheit aussagen, weil ich nur einen Bruchteil der Vorgänge in meinem Körper wahrnehme.

Jesus forderte uns immer zum Glauben im Sinne von Vertrauen auf – das schließt jedoch die Möglichkeit des Zweifels mit ein. Es kann im Leben eines jeden Christen jederzeit eine Situation eintreten, durch die seine bisherigen Überzeugungen massiv in Frage gestellt bzw. erschüttert werden. Er kann sie mit dem, was er erlebt, nicht mehr in Einklang bringen. Dies ist oft bei Leid und Katastrophen der Fall.

An diesem Wendepunkt haben wir zwei Möglichkeiten: Entweder wir klammern uns an unsere Gewissheiten und versuchen, die »sperrige« Realität auszublenden und zu verdrängen, oder wir stellen uns unserer Erfahrung und versuchen, daraus ein erneuertes und gereiftes, auf jeden Fall aber ein gewandeltes Vertrauensverhältnis zu Gott aufzubauen. Dieses gewandelte Vertrauen wird die Möglichkeit des Zweifels mit einschließen, ja, sie sogar als die »dunkle Rückseite« jedes aufrichtigen Glaubens akzeptieren.

Zweifel und Krisen (biblisch gesprochen »Anfechtungen«) sind oft das Einfallstor neuer Einsichten und Erkenntnisse. Sie sind, so gesehen, nicht nur bedrohlich, sondern auch notwendig, um Glauben und Leben nicht künstlich voneinander zu trennen. Denn was wir erleben und beobachten in dieser Welt, auch in uns selbst, steht oft genug im Gegensatz zu dem, was wir glauben, hoffen oder zu wissen meinen.

Anregungen aus dem Alten Testament

- Schon die Psalmbeter kannten und formulierten den Zweifel, wie an vielen Stellen deutlich wird. Ein Beispiel: Der Verfasser von Psalm 73 erzählt äußerst anschaulich, in welch schwere Glaubenszweifel ihn die Beobachtung stürzte, dass es den Gottlosen oft sehr gut und den Frommen oft sehr schlecht geht – was sich nicht mit dem zu seiner Zeit gelehrten Glauben vertrug, dass Gott schon *zu Lebzeiten* für Gerechtigkeit sorgt. Der Psalmbeter schildert diese Spannung nicht nur, sondern er lässt sie auch stehen, d. h., er setzt sich ihr aus, anstatt sie mit vermeintlichen Glaubensgewissheiten schnell aus der Welt zu schaffen. Sein Ausweg aus den aufgebrochenen Zweifeln besteht darin, dass er sich schließlich auf das konzentriert, was ihm in seiner Beziehung zu Gott als das Wesentliche erscheint, nämlich auf seine persönliche Verbindung zu ihm. Er drückt dies ergreifend aus in den Worten: »Dennoch bleibe ich stets an dir, denn du hältst mich an meiner rechten Hand. Du leitest mich nach deinem Ratschluss und nimmst mich am Ende in Ehren an« (Vers 23f). Und darauf kommt es letzten Endes an, nicht darauf, dass wir Gottes Gedanken und Handeln durchschauen.
- Die Geschichte Hiobs gilt als das erschütterndste biblische Zeugnis eines Menschen, der in eine existenzielle Glaubens- und Lebenskrise gerät. Sein Mut, Gott anzufragen und anzuklagen und an allem zu zweifeln, was er bisher geglaubt hat, führt bei seinen Freunden zu Protest, Entsetzen und Schmähungen. Gott hingegen bestätigt Hiob, »recht« von ihm geredet zu haben. Mit anderen Worten: Er gesteht Hiob das *Recht* zu, so mit ihm zu kommunizieren! Gott kündigt den Dialog mit Hiob nicht auf, sondern schenkt ihm stattdessen eine Erfahrung, die Hiob bis dahin, in der ganzen langen Zeit seines krisenfreien Wohllebens, nicht gekannt hatte: »Bisher kannte ich dich nur vom Hörensagen«, sagt Hiob zu Gott, »nun aber haben meine Augen dich gesehen!« (Hiob 42,5).

Doch was, wenn die Zweifel so stark sind, dass selbst dieses In-Kontakt-sein-mit-Gott nicht mehr spürbar ist? Genau das ist Jesus widerfahren, als er am tiefsten Punkt seines Lebens angekommen war und, durch die Geißelung aus unzähligen Wunden blutend und starken Schmerzen ausgesetzt, von den Umstehenden verspottet und verlacht, seit Stunden am Kreuz hing und mit zunehmender Atemnot kämpfte.[34] An diesem Punkt war ihm nicht nur jede Gewissheit abhanden gekommen, sondern er hatte offenbar auch keine Kraft mehr zu vertrauen. Das Einzige, was er Gott in dieser Situation noch signalisieren konnte, war die Überzeugung – oder Hoffnung –, dass Gott ihn auch in seiner Verlassenheit hören würde. Die Worte, die Jesus rief, geben sein ganz persönliches situatives Empfinden wieder, ausgedrückt in der ersten Zeile von Psalm 22: »Mein Gott, mein Gott, warum hast du mich verlassen?« (Matthäus 27,46).

Jesus blieb also keineswegs bis zum letzten Atemzug unbeirrbar und unerschütterlich in seinem Vertrauen auf den Vater – aber Jesus blieb authentisch. Mit anderen Worten: Er blieb, was er immer war: ehrlich sich und Gott gegenüber – und auch seinen Mitmenschen, denn er versuchte nicht, vor ihnen den übermenschlich glaubensstarken Märtyrer zu markieren.

Darüber hinaus hat Jesus auch durchaus verständnisvoll auf Menschen reagiert, die nicht (alles) glauben konnten. Dazu einige Beispiele:

- Der Vater eines kranken Kindes kam zu ihm und sagte: »Bitte, hilf meinem Sohn, wenn du kannst!« Damit meinte der Vater vermutlich, das Seine getan zu haben, um dem Sohn eine Chance zu geben. Nun konnte er getrost abwarten, was Jesus auszurichten vermochte. Natürlich bemerkte Jesus sehr wohl, dass in der Bitte des Vaters eine gewisse Skepsis mitschwang. Er nahm ihm dies keineswegs übel, doch er spielte den Ball sofort zurück und antwortete dem Vater: »Wenn ich kann? Alles ist möglich für den,

[34] Der Tod am Kreuz trat in der Regel durch Ersticken ein.

der mir vertraut!« Plötzlich hing der Ausgang dieser Begegnung nicht mehr allein vom Heilungsvermögen Jesu ab, sondern auch – oder viel mehr – vom Vertrauen dessen, der ihn um Heilung bat! Der Vater erkannte augenblicklich die Verantwortung, die ihm Jesus mit seiner Antwort übertrug, und reagierte erstaunlich. Er rief: »Herr, ich vertraue – hilf meinem Zweifel!« Damit signalisierte er, dass er sehr wohl vertrauen wollte, aber dass er dabei auf die Unterstützung Jesu angewiesen war. Das akzeptierte Jesus – und heilte den Sohn (Markus 9,24).

- Johannes berichtet, wie die ersten Anhänger zu Jesus fanden, nämlich durch »Mund-zu-Mund-Propaganda«. Eines Tages erzählte einer dieser ersten Jünger namens Philippus einem Bekannten namens Nathanael, sie hätten den gefunden, von dem das Gesetz Moses und die Propheten schreiben würden. Er heiße Jesus und käme aus Nazareth – worauf Nathanael verächtlich antwortete: »Was kann aus Nazareth schon Gutes kommen?«[35] Philippus ließ nicht locker und schleppte Nathanael zu Jesus, der ihn mit den erstaunlichen Worten begrüßte: »Sieh da, ein echter Israelit, in dem keine Falschheit ist!« Verblüfft fragte Nathanael: »Woher kennst du mich?«, worauf Jesus antwortete: »Schon bevor Philippus dich gerufen hat, sah ich dich – unter dem Baum sitzen.« Wir wissen es nicht sicher, doch der Verdacht liegt nahe, dass Jesus von der spöttischen Frage des Nathanael ebenfalls etwas wusste – und sie ihm keineswegs krumm nahm, sondern die unverblümte Skepsis des Nathanael akzeptierte (Johannes 1,46ff).
- Nach Jesu Auferstehung, so berichtet ebenfalls Johannes, erschien Jesus seinen Jüngern, wobei jedoch Thomas fehlte. Als die anderen Thomas später trafen, erzählten sie von ihrer Begegnung mit dem Auferstandenen. Thomas weigerte sich, ihnen Glauben zu schenken, und sagte: »Bevor ich ihn nicht leibhaftig vor mir sehe und meine Hände in seine Wundmale lege, glaube

[35] Die dort ansässigen Galiläer galten als wenig fromme Juden, die vor allem zu politischer Rebellion neigten.

ich nicht, was ihr sagt.« Schließlich erschien Jesus noch einmal und wandte sich Thomas zu – doch nicht mit Tadel oder Vorwurf, sondern mit der schlichten Aufforderung: »Lege deine Hände in meine Wundmale (...), und sei nicht (mehr) zweifelnd, sondern glaubend.« Was Thomas sofort tat, wobei er überwältigt stammelte: »Mein Herr und mein Gott!« Jesus antwortete ruhig: »Weil du dich mit deinen Augen überzeugen konntest, deshalb vertraust du mir. Glückselig sind jene, die nichts sehen und (dennoch) vertrauen.« Jesus hatte zwar Verständnis für die Zweifel des Thomas und ging auf sie ein, er machte ihm jedoch klar, dass Glaube nicht auf Gewissheit beruhen kann, sondern immer mit dem Wagnis des »Nichtwissens« verbunden bleibt (Johannes 20,24-29).[36]

Man kann aus diesen Erzählungen schließen: Wer sich Zweifel *nicht* erlaubt bzw. wer versucht, seine Zweifel zu verdrängen, wird über kurz oder lang in seinem Glauben unfruchtbar, dogmatisch und unglaubwürdig. Wichtig ist allerdings, sich in seinen Zweifeln nicht häuslich einzurichten, sondern sie positiv anzunehmen als notwendige Entwicklungsschritte, damit sich ein selbstverantworteter, selbst durchdachter, authentischer Glauben formen kann – in der Gewissheit, dass in der Beziehung zu Gott nicht das Wissen die entscheidende Rolle spielt, sondern »Glaube, Liebe, Hoffnung« (1. Korinther 13,13). Dies gilt auch für unsere Beziehungen zu Menschen.

[36] Sehr schön wird dies auch im Epheserbrief ausgedrückt, wo es heißt: »Glauben ist ein Überzeugtsein von dem, was man nicht sieht ...« – wofür man also im strengen Sinne keine »Beweise« hat. Diese Art des Glaubens gilt jedoch nicht nur für religiöse Inhalte, sondern sie hat inzwischen auch in den Wissenschaften ihren festen Platz, weil sich, beispielsweise in der Physik oder Mathematik, nicht alles, was man wissenschaftlich erkennt, auch objektiv »nachweisen« lässt.

Summa summarum

- ▷ Innere Antreiber gehören zur Persönlichkeit eines jeden Menschen. Sie spiegeln wichtige Erfahrungen und prägende Einflüsse seiner Kindheit und Jugend wider.
- ▷ Hinter inneren Antreibern stehen menschliche *Grundbedürfnisse, die sich nicht verleugnen oder unterdrücken lassen, sondern in allen Menschen wirksam sind.*
- ▷ Innere Antreiber können auch eine blockierende Wirkung auf uns haben, da die hinter ihnen stehenden Ängste uns viele Denk- und Verhaltensmöglichkeiten von vornherein verwehren. »Unser versklavtes Ich ist ein Gefängnis und ist gebaut aus Steinen unserer Angst!«[37]
- ▷ Innere Antreiber lassen sich selten ganz und gar »ausradieren«, selbst nachdem man ihre Wurzeln erkannt hat und sich von ihrer Tyrannei befreien möchte. Auch wenn wir uns mit ihnen kritisch und engagiert auseinander setzen, sollte unser Ziel vor allem sein, zu einem gelasseneren, souveräneren Umgang mit ihnen zu gelangen. Sie völlig und endgültig überwinden zu wollen wäre möglicherweise die nächste Selbstüberforderung.
- ▷ Da unsere inneren Antreiber und die hinter ihnen stehenden Bedürfnisse uns selten bewusst sind, steuern sie meist unbewusst unser Verhalten. Das führt im Zusammenleben mit anderen Menschen oft zu Konfrontationen, Verletzungen, missglückten Begegnungen, Frustrationen bis hin zu Beziehungsabbrüchen. Sie wären leichter vermeidbar, wenn wir uns darüber klarer werden könnten, was uns – neben unseren bewussten Motiven – unbewusst in unserem Verhalten bestimmt.

[37] Ein Vers aus dem Lied »Herr, deine Liebe ist wie Gras und Ufer«, Ev. Gesangbuch für Württemberg, Nr. 643

7. Glaube und innere Antreiber – getrieben oder getragen?

Den Weg gehend erfährt man den Sinn.

Luise Rinser

Vielleicht sind Ihnen während des bisherigen Lesens zwei Punkte aufgefallen:

▷ die Bedeutung der Kindheit und damit verbunden die Bedeutung des (fehlenden) Selbstwertgefühls oder Selbstbewusstseins;
▷ wie wichtig es ist, sich seiner Bedürfnisse, Defizite und inneren Antreiber bewusst zu werden.

Ich möchte noch einmal kurz auf diese beiden Themenkomplexe eingehen, damit Sie das, was in den folgenden Kapiteln beschrieben wird, besser verstehen und innerlich nachvollziehen können.

Rückblick 1: Die Bedeutung der Kindheit und des Selbstwertgefühls

Die Kindheit ist deshalb so entscheidend für unsere Entwicklung und unseren Werdegang, weil Kinder in den ersten Lebensjahren lernen, für sich zwei entscheidende Fragen zu beantworten:

▷ »Wie funktioniert das Leben und das Zusammenleben?«
▷ »Was muss ich tun, um Zuwendung zu bekommen und anerkannt zu werden?«

Grundsätzlich will jedes Kind das Maximum, nämlich bedingungslose Zuwendung. Da die wenigsten Kinder sie bekommen, müssen sie lernen, welche »Auflagen« zu erfüllen sind, um wenigstens so viel Zuwendung und Liebe *wie möglich* zu erfahren.

Bedingungslose Zuwendung, verbunden mit liebevoller Einfühlung, aber auch klarer Grenzziehung, wäre der ideale Nährboden für ungetrübte Selbstachtung und ein starkes Selbstwertgefühl. Falls Sie diese bedingungslose Zuwendung erfahren haben, sind Sie für Ihr ganzes Leben sozusagen »in Drachenblut getaucht«, d. h. mit einem schützenden Mantel versehen, der Sie nicht unverwundbar macht, aber widerstandsfähig und belastbar gegen alle Arten von Gefährdungen, Belastungen und Verletzungen. Ein solides – nicht überzogenes – Selbstwertgefühl ist die beste Voraussetzung, damit Beziehungen gelingen und Herausforderungen sich meistern lassen.

Sollten Sie jedoch zu dem weitaus größeren Heer der in ihrer Kindheit allenfalls »bedingt Geliebten« gehören, dann lohnt es sich, den Wurzeln der eigenen Identität sowie ihren Auswirkungen aufmerksam nachzuspüren. Bedingte Zuwendung führt zu bedingter Selbstannahme und entsprechend eingeschränktem Selbstwertgefühl – mit allen oben ausführlich geschilderten Konsequenzen. Der Psychotherapeut Nathaniel Branden stellt fest: »Abgesehen von Störungen, deren Wurzeln biologischer Natur sind, fällt mir kein einziges psychologisches Problem ein, das sich nicht – und sei es zumindest teilweise – auf das Problem eines mangelhaften Selbstwertgefühls zurückführen lässt.«[38] Das ist der Grund, weshalb ich auch in diesem Buch immer wieder auf das Selbstwertgefühl zu sprechen komme.

Rückblick 2: Wie wichtig es ist, sich seiner Bedürfnisse, Defizite und inneren Antreiber bewusst zu werden

Genauso entscheidend für unsere Selbsterkenntnis ist jedoch der zweite Punkt, den ich – was Sie möglicherweise überrascht hat –

[38] Nathaniel Branden, Die sechs Säulen des Selbstwertgefühls, München 2003, zitiert in: Psychologie heute, April 2005, S. 23. Vgl. auch Monika Reichelt, a. a. O., S. 9: »Ob wir uns mit all unseren Stärken und Schwächen akzeptieren und ob wir uns für wertvoll halten, ist von überragender Bedeutung für unser eigenes seelisches Befinden und für das Zusammenleben mit unseren Mitmenschen. Unser – hohes oder niedriges – Selbstwertgefühl strahlt aus (...) Und auf diese Ausstrahlung reagieren unsere Mitmenschen.«

immer wieder betont habe: die Rolle des Unbewussten. Vielen Menschen ist in keiner Weise klar, dass unser Bewusstsein sozusagen nur die Spitze des Eisbergs ist – die Spitze dessen, was sich an Gedanken, Gefühlen, Wahrnehmungen, Entscheidungen, Assoziationen etc. in unserem Gehirn abspielt. Es ist nicht übertrieben, sondern eher optimistisch geschätzt, dass uns von diesen Vorgängen maximal ein Siebtel bewusst ist, sechs Siebtel jedoch unbewusst bleiben.[39]

Wir müssen uns darüber im Klaren sein, dass unsere Eindrücke in der frühen und späteren Kindheit von uns nicht in sprachlicher Form gespeichert wurden. Das Gleiche gilt für unsere Beobachtungen am lebenden Modell – das, was unsere Bezugspersonen uns vorlebten. Wir haben darüber nicht geredet (das konnten wir gar nicht) – sondern es einfach abgeguckt und im Gedächtnis behalten. Auch was uns von unseren Bezugspersonen in Worten mitgeteilt wurde, haben wir in den ersten Jahren unseres Lebens abgespeichert, ohne uns damit kritisch – das heißt bewusst – auseinander zu setzen, denn dazu waren wir intellektuell noch nicht in der Lage. Und selbst in einem Alter, als wir dazu fähig waren, sind wir oft gar nicht auf die Idee gekommen, Dinge zu hinterfragen, die uns gelehrt und vorgelebt wurden.

Grundsätzlich gilt jedoch: Was unbewusst – das heißt: nicht sprachlich verschlüsselt – gespeichert wird, kann später nicht mühelos ins Bewusstsein geholt werden. Es prägt und beeinflusst uns – aber wir finden, im Bild gesprochen, nicht den »Schlüssel«, um die entsprechende »Schranktür« oder »Schublade« in unserem Kopf zu öffnen und uns deren Inneres genauer anzuschauen.

Woher kommt Hilfe? Viele Märchen machen es uns klar: Die Erlösung muss – auch – von außen kommen, nicht allein von uns selbst. Zwei Beispiele:

- Im Märchen »Der Froschkönig« ist der in einen hässlichen Frosch verzauberte Prinz darauf angewiesen, dass ein anderer Mensch ihn durch seine Freundschaft befreit – aus eigener Kraft

[39] Das gilt für den Wachzustand, vgl. Angela Seifert, a. a. O., S. 33.

kann er es nicht. Er kann sich nur auf den Weg machen, um diesen Freund zu suchen.

- Auch im Märchen von Dornröschen geht es um Hilfe von außen: Dornröschen muss so lange schlafen – ein Symbol für Unbewusstheit –, bis ein mutiger Mann kommt, der über die Dornenhecke klettert, um die Prinzessin durch seinen Kuss zu erwecken.

In beiden Märchen ist es die *menschliche Nähe* (die Prinzessin soll den Frosch in ihr Bett nehmen!), die letzten Endes zur Erlösung führt.

Was im Märchen ausgedrückt wird, gilt auch für uns: Wir bedürfen des Gegenübers, um befreit zu werden. Wir bedürfen des Mitmenschen – sei es in Form von Freunden, Familienangehörigen, Partnern, Kollegen oder auch in Form von Trainern, Coachs, Seelsorgern, Beratern, Therapeuten. Sie alle können zu diesem Befreiungsprozess beitragen. Doch von keinem dieser Menschen werden wir, wenn wir einigermaßen realistisch sind, erwarten, dass er Wunder bewirkt oder uns die mühsame Arbeit an uns selbst abnimmt. Er kann uns darin unterstützen, uns geduldig begleiten, uns anleiten und uns wie eine Hebamme zu neuen Einsichten und Erfahrungen verhelfen – doch zur Welt bringen müssen wir »das Kind« schon selbst.

Glaube erfüllt Bedürfnisse

Was aber, wenn wir überdies noch Christen werden oder geworden sind? Wenn wir uns entschlossen haben, die spirituelle Dimension des Lebens ernst zu nehmen und Gott in unser Leben einzubeziehen? Was, wenn wir sogar entschlossen sind, uns Gott ganz anzuvertrauen, ja hinzugeben, wie es das von Jesus gebrauchte Wort »Nachfolge« ja beinhaltet? Wie wirkt sich unser Christwerden oder -sein auf unsere Persönlichkeit, auf unser Gewordensein und Getriebensein aus?

Es wirkt sich zunächst einmal so aus, dass der Glaube an Gott, wenn er nicht durch falsche Lehren entstellt und fehlgeleitet ist, tiefe Bedürfnisse unseres Geistes und unserer Seele befriedigt, die bisher unbefriedigt waren. Augustinus hat dies vor über 1600 Jahren mit dem zeitlos gültigen Satz ausgedrückt: »Unser Herz ist unruhig, bis es ruht in dir, Gott.«

- Glaube kommt unserem Bedürfnis nach Sicherheit entgegen – wir sind den Zufällen und Wechselfällen des Lebens nicht mehr hilflos ausgeliefert, sondern leben in der Überzeugung, in Gottes Hand zu sein.
- Glaube kommt dem Bedürfnis nach Zugehörigkeit entgegen – wir sind Gottes Kinder, verbunden mit Christen auf der ganzen Welt. Wir können uns einer Gemeinschaft von Gleichgesinnten anschließen und erfahren Geborgenheit und seelisch-geistigen Rückhalt.
- Glaube kommt unserem Bedürfnis nach Verständnis und Nähe entgegen, denn von Jesus und seinem Leben wissen wir, dass er jedem Menschen persönliches und vorurteilsfreies Interesse entgegenbrachte.
- Glaube kommt dem Wunsch nach Anerkennung und Liebe entgegen, denn das Neue Testament lehrt uns, dass Gott jeden Menschen liebt und in seiner Einmaligkeit wertschätzt.
- Glaube kommt unserem Bedürfnis nach Selbstentfaltung entgegen, weil wir unter der Anleitung Gottes lernen, dem Leben in uns und anderen zu dienen, es zu fördern und zu feiern, entsprechend der Verheißung Jesu: »Ich bin gekommen, dass sie das Leben in seiner Fülle haben sollen« (Johannes 10,10).

Glaube verändert uns nicht auf Anhieb

Glaube erfüllt Bedürfnisse – das soll er auch[40]; aber er ändert zunächst nichts an unserer Persönlichkeit. Martin Buber erzählt: Ein

[40] Jesus hat selbstverständlich vorausgesetzt, dass niemand ihm nachgefolgt wäre, wenn er oder sie sich nichts davon versprochen hätte. Deshalb spricht er auch an zahlreichen Stellen unbefangen vom »Lohn«, der den Glaubenden winkt, vgl.

Rabbi war zu Gast bei gelehrten Männern. Er überraschte sie mit der Frage: »Wo wohnt Gott?« – »Seltsame Frage«, antworteten sie lachend, »ist doch die ganze Welt voll von seiner Herrlichkeit!« Er aber beantwortete seine eigene Frage: »Gott wohnt, wo man ihn einlässt.«[41]

Was heißt das im Blick auf unser Thema? Wenn wir uns klarmachen, welch vielschichtiges und hochkomplexes Gebilde unsere Persönlichkeit ist – genauer gesagt: im Lauf der Jahre geworden ist –, dann bietet sich der Vergleich mit einem großen Schloss an. Mit einem Schloss, das über viele mehr oder weniger gut bewehrte Mauern und Türme, Gemächer und Kammern, Keller und verwunschene Gärten verfügt. Es liegt auf der Hand, dass Gott, auch wenn wir ihm die Tür unseres Herzens und unserer Seele weit öffnen, nicht auf einen Schlag dieses weitläufige Schloss in Besitz nehmen kann. Wir können zwar am Eingangstor entschlossen das Türschild anbringen: »Dieses Schloss gehört (von nun an) Gott.« Aber das ändert nichts daran, dass sein Einzug geraume Zeit – im Grunde genommen unser ganzes Leben – in Anspruch nehmen wird. Setzt dieser Einzug doch voraus, dass es in diesem Schloss erstens Platz gibt für Gott und dass es zweitens keine Räume gibt, die wir vor ihm verbergen, zuschließen, ihm vorzuenthalten versuchen. *Beides ist nicht so selbstverständlich, wie wir meinen. Es ist sogar, so hart es klingen mag, eher unwahrscheinlich.*

Viele Menschen glauben zwar an Gott und sind überzeugte Christen, aber eigentlich sind ihr Denken, ihre Zeit, ihr Leben so ausgefüllt mit eigenen Zielen und Interessen, dass Gott darin nicht wirklich Raum hat. Er bleibt Zaungast und ist dazu gezwungen, bei ihrem Handeln und Wandeln »zuzuschauen«. Manchmal gibt es natürlich Phasen in unserem Leben, in denen wir so mit uns selbst und unseren Plänen und Aktivitäten beschäftigt sind, dass Gott einfach »nebensächlich« wird – was im Prinzip nicht gleich eine Katastro-

beispielsweise Matthäus 10,41 und Lukas 6,23. Allerdings hat dieser Lohn nicht unbedingt etwas mit irdischen Gütern und Vorteilen zu tun.

[41] Aus: Die Erzählungen der Chassidim, Zürich 1949

phe ist. Gefährlich wird diese Lebensweise erst dann, wenn wir in unserem Eigenwillen Wege gehen, die im Grunde Sackgassen sind und uns langfristig in große Schwierigkeiten bringen. Um dies zu erkennen, muss man wiederum in Verbindung mit Gott sein – oder man merkt es erst, wenn man in Not ist.

Vielleicht kann man den Sachverhalt mit dem inzwischen in vielen Autos installierten GPS-Navigationssystem vergleichen: Es kann uns sicher leiten und ans Ziel führen – allerdings nur auf der Basis perfekter Technik und weil es mit dem »Leitobjekt« in der Höhe, in diesem Fall mit dem Satelliten, in Verbindung steht. Bei unserem GPS fürs Auto müssen wir uns darum nicht kümmern – einmal richtig installiert, sollte es funktionieren. Was jedoch unsere Beziehung zu Gott betrifft, ist von unserer Seite immer wieder neu die innere Ausrichtung notwendig.

Und selbst wenn wir guten Willens sind, Gott das Schloss unserer Persönlichkeit in Besitz nehmen zu lassen, ihm also keinen Bereich unseres Lebens vorzuenthalten, so stellen sich oft neue Probleme ein:

- ▷ Wir merken, dass wir zu sehr an unserem »Mobiliar« hängen (das sind beispielsweise unsere Bindungen, Überzeugungen, Beschäftigungen, Ziele und Wertvorstellungen) und uns von vielem nicht trennen können.
- ▷ Wir haben – wie ausführlich erörtert – zu manchen Kammern und Kellern (Gefühle, Erlebnisse, Erinnerungen, Antreiber ...) *selbst* keinen Schlüssel, d. h. keinen bewussten Zugang. Wie also sollten wir Gott dorthin einlassen?

»Siehe, ich stehe vor der Tür und klopfe an. Wenn jemand meine Stimme hören und mir die Tür aufmachen wird, zu dem werde ich hineingehen«, heißt es im letzten Buch der Bibel (Offenbarung 3,20). Mit anderen Worten: Jesus respektiert die Grenzen, die der Mensch ihm zieht; er wartet ab und fällt nicht »mit der Tür ins Haus«.

Die Gefahr christlicher »Lebenslügen«

Wir bleiben auch als »Bekehrte« zunächst einmal »die alte Kreatur« (was spontane und tief greifende Verhaltensveränderungen nach einer Bekehrung zu Gott nicht ausschließt, wie beispielsweise Abkehr vom Alkohol, von Kriminalität u. a.). Falls wir uns dessen *nicht bewusst* sind, entsteht die Gefahr, dass unser Glaube und unser Tun häufig nicht übereinstimmen, wie bei den von Jesus häufig kritisierten »Superfrommen« seiner Zeit, den Pharisäern. Jesus sagte über sie: »Alles, was sie euch sagen, das tut und haltet, aber orientiert euch nicht an ihrem Handeln; sie sagen's wohl und tun's nicht« (Matthäus 23,3). Wie kommt er zu diesem vernichtenden Urteil?

Viele unserer menschlichen Bedürfnisse und Antreiber erkennt Jesus sehr deutlich auch im Verhalten der Frommen seiner Zeit, wie beispielsweise:

- ▷ Liebe zum Geld; Materialismus; den eigenen materiellen Vorteil suchen (vgl. Matthäus 23,14; Lukas 14,12; Lukas 16,14f)
- ▷ Sucht nach Ehre und Prestige (Matthäus 6,1f.5.16; Matthäus 23,5-8)
- ▷ Überheblichkeit, Stolz auf sich selbst, abfällige Urteile über andere, Wunsch nach Abgrenzung gegenüber so genannten »Ungläubigen« (Lukas 5,30; Lukas 7,39; Lukas 15,2; Lukas 18,9; Lukas 19,7)
- ▷ Unaufrichtigkeit; Umdeuten von Geboten im Interesse eigener Ziele (Matthäus 15,4-9; Matthäus 21,23-27; Matthäus 22,15-18; Matthäus 23,16ff; Lukas 11,46; Lukas 13,15)

Ist es angesichts dieser Verhaltensweisen verwunderlich, dass der häufigste Vorwurf, den Jesus seinen Zeitgenossen machte, »Heuchelei« war? Heuchelei bedeutet nichts anderes als der Versuch, seine wahren Motive und Gedanken vor sich und anderen zu verschleiern. Um nochmals auf das Bild des Schlosses zurückzukommen: Man will sich und seinen Mitmenschen einreden, das ganze Schloss sei restlos von Gott bewohnt – dabei haust er womöglich nur in einer abgelegenen Rumpelkammer ...

Der christliche Psychotherapeut Reinhold Ruthe spricht im Zusammenhang mit dieser Thematik ganz unverblümt von den »Lebenslügen« der Christen. Ein mutiger Artikel aus seiner Feder trägt die Überschrift: »Hinter die fromme Fassade geschaut – Warum sogar Christen kaum ohne Selbstbetrug und Lebenslügen leben können«.[42]

»Wie kommt es«, so fragt Ruthe, »dass selbst wir Christen uns so unehrlich und selbstbetrügerisch aufführen? Wozu verstecken wir uns hinter einer frommen Fassade? Wozu machen wir uns gegenseitig etwas vor? Wozu übertünchen wir unser Image mit einem geistlich getarnten Make-up? Wir produzieren Lebenslügen, mit denen wir uns selber täuschen und betrügen.« Dabei definiert Ruthe Lebenslügen als:

▷ Überzeugungen, die nicht mit der Wirklichkeit übereinstimmen;
▷ Selbsttäuschungen, die wir uns aus bestimmten Gründen angeeignet haben;
▷ Abwehrmethoden, um uns zu schützen, um uns nicht zu blamieren und nicht entblößt zu werden.

Schonungslos benennt Ruthe die Strategien, die Christen benutzen, um der bestürzenden Diskrepanz zwischen Anspruch und Realität auszuweichen. Der Ausweg, den er vorschlägt, besteht in einem Dreischritt: Selbstannahme – sich den eigenen Selbsttäuschungen stellen – sich das Ziel setzen, Christus (wirklich) zu gehören, sprich: ein verwandelter Mensch zu werden. Es ist nicht entscheidend, dieses Ziel in jeder Hinsicht zu erreichen. Es kommt viel eher darauf an, dass man sich überhaupt auf den Weg macht und die »enge Pforte« (auch des Bewusstseins!) durchschreitet, von der Jesus spricht (Matthäus 7,13f.).

Allerdings bleibt Ruthe die entscheidende Antwort schuldig, *weshalb* Christen sich so zwiespältig verhalten. Meine persönliche

[42] Idea-spektrum 23/1997, S. 14ff.

Antwort lautet: Weil sie sich nicht wirklich und wahrhaftig mit den *Motiven* ihres Verhaltens auseinander setzen, mit der einfachen und doch so schweren Frage: *Warum denke, fühle, handle ich so? Was ist mein innerer Antreiber?* Dies, und nur dies, würde die Möglichkeit einer ehrlichen Umkehr, also einer Gesinnungs- und Verhaltensänderung, eröffnen.

Selbst Jesus musste jedoch die Erfahrung machen, dass seine Jünger – die Menschen, die ihm konsequent nachfolgten – ihm zwar glaubten und vertrauten, deswegen aber noch lange nicht von ihrem eigenen menschlich-allzu-menschlichen Denken befreit waren. Nur ein paar Beispiele aus den Evangelien seien genannt:

- Die Jünger Jesu diskutierten untereinander, wer der Größte unter ihnen sei (menschliches Geltungsbedürfnis: Markus 9,34; Lukas 22,24).
- Sie fürchteten sich sehr, als sie mit Jesus im Boot in einen Sturm auf dem See gerieten. Jesus tadelte sie wegen ihres »Kleinglaubens« (Angst um das eigene Leben: Markus 4,35-40).
- Jünger Jesu sind vergeltungsorientiert (Lukas 9,51-57).
- Jünger Jesu vertreiben Frauen mit ihren Kindern, die von Jesus gesegnet werden wollten (Geringschätzung der Schwachen und Unbedeutenden: Matthäus 19,13f).
- Die Jünger fliehen, als Jesus verhaftet wird (Angst um ihr Leben: Matthäus 26,56).
- Sie sorgen sich darum, ob sie genug zu essen haben (Matthäus 16,7f).

Christen sind vor allem Getragene

Die entscheidende Frage, die wir uns an diesem Punkt stellen müssen, lautet:

Wie können wir es erreichen, dass in unserem Denken und Fühlen, unserem Bewusstsein und Unterbewusstsein ein Verwandlungsprozess in Gang kommt, der uns mehr und mehr von (An-)Getriebenen zu Getragenen werden lässt?

Drei Ansatzpunkte möchte ich nennen:

- Selbsterkenntnis und Selbstanalyse sollten einen hohen Stellenwert in unserem geistlichen Leben einnehmen.
- Wir sollten die Aussagen Jesu über seine Nachfolger in ihrem ganzen Anspruch ernst nehmen und auf uns selbst beziehen.[43]
- Wir sollen und dürfen mit Gottes Kraft und Unterstützung rechnen, um in unserem persönlichen Verwandlungsprozess voranzukommen.

An diesem Punkt fragt sich vielleicht mancher Leser, manche Leserin: »Die Überschrift dieses Buches lautet doch *Du bist gut genug!* – steht das nicht in Spannung oder gar Widerspruch zu der Forderung, dass wir uns als Christen niemals selbstzufrieden zurücklehnen dürfen?« Nein, denn diese Forderung kommt nicht von mir, sondern von Jesus selbst: »Strebt zuerst nach der Herrschaft Gottes (in eurem Leben) und danach, ihm gerecht zu werden ...« (Matthäus 6,33).

Das bedeutet: Wir sollen als Christen *ein* Ziel haben, nämlich in unserem Leben Gottes Willen zu tun, d. h., in größtmöglicher Übereinstimmung mit seinen Ordnungen und Weisungen zu leben. Dieses Ziel anzustreben beinhaltet beharrliche Selbsterforschung, nüchterne Selbsterkenntnis und als Resultat: Selbstentwicklung.

Wir können all das nicht in Angriff nehmen, ja, wir können auch Gottes Gedanken, uns und unser Leben betreffend, weder erkennen noch umsetzen, wenn wir nicht die *Widerstände und Blockaden* in uns wahrnehmen, durchschauen und überwinden. Doch nun kommt der entscheidende Punkt:

[43] Wobei es nicht weiterführt, alles wortwörtlich zu nehmen, z. B. dass man seine Eltern buchstäblich »hassen« soll (Lukas 14,26), um Jesu Jünger sein zu können. Genauso wenig führt es jedoch weiter, wenn man all das wegstreicht und als unjesuanisch oder unhistorisch bezeichnet, was unbequem oder bedrohlich ist. Hilfreich hierzu: Carsten Peter Thiede, Ein Fisch für den römischen Kaiser, München 1998.

Als Christen arbeiten wir nicht an uns selbst, um in Gottes Augen anerkannt und wertgeachtet zu sein, auch nicht, um uns sozusagen seine Liebe und Wertschätzung oder gar Barmherzigkeit zu verdienen, sondern:

Als Christus-Nachfolger setzen wir uns selbst Ziele und wollen uns verändern, *weil* wir uns der unumschränkten Anerkennung und Wertschätzung Gottes gewiss sind! Gerade weil ich als Mensch weiß, dass ich die Kindschaft bei Gott nicht verlieren kann, habe ich die Energie und das Bestreben, aber auch die Gelassenheit und Freude, mich als Christ weiterzuentwickeln. *Wie weit* ich komme, ist nicht entscheidend – Gott setzt uns nicht unter Leistungsdruck. Das Einzige, was er von uns erwartet, ist: Hingabe[44] – das heißt Selbstvertrauen und Gottvertrauen. Denn nur so kann er zusammen mit uns und unseren Mitmenschen das vollenden, was mit unserer Geburt hier auf Erden seinen Anfang genommen hat: dass wir die Menschen werden, die Gott mit uns gemeint hat.[45]

44 Ich persönliche schätze auch den engl. Begriff »commitment« vom lat. committere = sich auf etwas einlassen, sich in etwas hineinwagen, sich überlassen.

45 Vgl. ein Zitat von F. Dostojewski: »Einen Menschen lieben heißt ihn so sehen, wie Gott ihn gemeint hat.«

8. Der dreifache Weg

Der Glaube ist kein verborgener Schatz, der in der Abgeschlossenheit der Seele ruht, sondern eine Prägestätte, in der das Kleingeld des alltäglichen Tuns geprägt wird.

Abraham J. Heschel

Es ist ein Teil unseres Weges, die inneren Antreiber zu erkennen und über sie zu herrschen, anstatt von ihnen beherrscht zu werden. Als Jesus gefragt wurde, welches das wichtigste aller Gebote sei, antwortete er: »Das vornehmste Gebot ist das: ›Höre, Israel, der Herr, unser Gott, ist einer, und du sollst Gott, deinen Herrn, lieben von ganzem Herzen, von ganzer Seele, von ganzem Gemüte und mit all deinen Kräften.‹ Das andere ist dies: ›Du sollst deinen Nächsten lieben wie dich selbst.‹ Es ist kein anderes Gebot größer als diese« (Markus 12,28-31). Aus diesem »Doppelgebot der Liebe« ergibt sich ein dreifacher Zugang für die Herauforderung, unsere inneren Antreiber zu überwinden bzw. zu beherrschen, vergleichbar einem Seil, das aus drei Schnüren gedreht ist. Dieser dreifache Zugang betrifft wiederum die drei zentralen Dimensionen unseres Menschseins, nämlich:

▷ unseren Umgang mit Gott,
▷ unseren Umgang mit uns selbst,
▷ unseren Umgang mit unserem Nächsten.

8.1. Unser Umgang mit Gott

Beziehungsmodelle

Ich bin überzeugt, dass Gott all unsere Bilder von ihm übersteigt. Dennoch glaube ich, dass wir ihn im Rahmen unseres Vorstellungsvermögens als ein persönliches Gegenüber denken und ansprechen dürfen. Dann stellt sich die Frage: *Wie können wir mit Gott kommunizieren?* Um mich der Antwort zu nähern, frage ich zunächst einmal: Welche Formen des Umgangs gibt es zwischen uns Menschen?

Grundsätzlich haben wir die Möglichkeit, eine Person entweder zu ignorieren oder von ihr Notiz zu nehmen. Wenn wir sie als Teil unserer Umgebung wahrnehmen und ernst nehmen, dann gibt es viele Spielarten, wie wir mit ihr umgehen können:

- ▷ Wir können es dabei belassen, diese Person bei zufälligen Begegnungen höflich zu grüßen.
- ▷ Wir können uns bei zufälligen Begegnungen etwas unterhalten, wie man es mit guten Nachbarn oder netten Arbeitskollegen zu tun pflegt.
- ▷ Wir können diese Person in unseren Bekanntenkreis aufnehmen, d. h. einen lockeren Kontakt zu ihr pflegen. Motto: Man schätzt einander, aber man braucht einander nicht wirklich, abgesehen von gelegentlichen Bitten um einen Gefallen.
- ▷ Wir können eine Freundschaft entwickeln, d. h. einen intensiven, in mancher Hinsicht verbindlichen Kontakt zu unserem Gegenüber pflegen. Das bedeutet: Man interessiert sich füreinander und öffnet sich dem anderen. Manches teilt man auch miteinander; man genießt es, zusammen Zeit zu verbringen. Man ist – mehr oder weniger – füreinander da.
- ▷ Die höchste Stufe in dieser Hierarchie ist die verbindliche Partnerschaft, in der man dem anderen Treue »in guten und schlechten Tagen« verspricht. In einer verbindlichen Partnerschaft trage ich weiterhin für mich Verantwortung, aber nicht allein: Der andere trägt mit, und umgekehrt trage ich auch für ihn Mitverantwortung. Ich treffe weiterhin Entscheidungen für mich, aber nicht allein, sondern nach Rücksprache mit dem Partner. Ich bin weiterhin ich – aber ich lebe nicht mehr nur für mich, sondern auch für den anderen. Ich öffne mich seinem Wesen; ich bin, streng genommen, nicht mehr autonom, nicht mehr frei, nicht mehr unabhängig, nicht mehr selbstbestimmt: Die Liebe zum Partner setzt mir Grenzen. Man kann auch sagen: Aus Liebe zum

Partner setze ich mir Grenzen, lasse ich mich begrenzen und beeinflussen.

Bei dieser Aufzählung wird deutlich, dass der entscheidende Faktor in jeder Beziehung das Ausmaß an gegenseitigem Interesse ist, an gegenseitiger Offenheit zueinander und füreinander und gegenseitiger Bereitschaft, das Leben miteinander zu teilen. Selbstverständlich sind Beziehungen immer im Fluss, und die Intensität von Interesse, Offenheit und Teilnahme am Leben des anderen kann sich verändern oder im Lauf der Jahre schwanken. Auch enge Beziehungen können im Lauf der Jahre verflachen, und umgekehrt können eher oberflächliche Verbindungen im Lauf der Zeit an Tiefe und Verbindlichkeit gewinnen. Der Wille dazu muss jedoch immer von *beiden* Seiten bestehen; es genügt nicht, wenn nur ein Beziehungspartner mehr Nähe und Intensität möchte.

Lassen sich diese Beziehungsformen auf Gott übertragen?

Grundsätzlich sehe ich hier eine Menge an Parallelen. Allerdings müssen auch die Unterschiede im Blick bleiben. Zwei der gravierendsten Unterschiede zwischen einem menschlichen Beziehungspartner und Gott scheinen mir zu sein:

- ▷ Von Gottes Seite her besteht, so sagt es die Bibel, *grundsätzlich* Interesse an einer intensiven, verbindlichen Beziehung zu uns Menschen. Das ist von menschlicher Seite nicht immer und nicht unbedingt zu erwarten – im Gegenteil!
- ▷ Mit Gott können wir nicht auf die gleiche Weise kommunizieren wie mit Menschen: Körper- und Blickkontakt; den anderen hören, auf ihn antworten, nachfragen, ihm zulächeln usw. – das alles ist bei Gott nicht möglich. Das bedeutet: Andere Formen der Kommunikation müssen eingeübt werden.

Doch auch wenn der Vergleich zwischen einem menschlichen Du und Gott seine deutlichen Grenzen hat, zeigen eine Fülle von biblischen Erzählungen und auch meine eigenen Erfahrungen, dass der Mensch Gott gegenüber eine durchaus ähnliche Bandbreite an Beziehungsmöglichkeiten hat. Wählen Sie selbst, welches der folgenden Modelle Ihre Beziehung zu Gott am ehesten charakterisiert:

- Ich kann Gott so lange ignorieren, bis ich ihn eines Tages dringend brauche; vergleichbar dem Klempner, den man auch erst alarmiert, wenn der Abfluss verstopft ist, oder dem Arzt, den man auch erst aufsucht, wenn man sich krank fühlt.
- Ich kann mit Gott ein freundlich-unverbindliches Verhältnis pflegen, in dem ich von ihm gelegentlich Notiz nehme, aber keine großen Ansprüche an ihn stelle. Umgekehrt lasse ich mir auch von ihm »nicht reinreden«, was die eigene Lebensgestaltung betrifft.
- Ich kann Gott als guten Bekannten oder Nachbarn behandeln: Man schätzt einander, man trifft einander immer wieder, tauscht sich aus, sucht aber keinen näheren Kontakt. Viele Menschen haben diese Art von Verhältnis zu Gott: Sie »glauben« zwar an ihn, das heißt, sie sind überzeugt von seiner Existenz, bleiben aber innerlich auf Distanz. Das schließt Gottesdienstbesuche, Begehen kirchlicher Feiertage etc. keineswegs aus.
- Ich kann mit Gott wie mit einem Freund und Vertrauten umgehen: ihm vertrauen, ihn um Rat fragen, einen Teil der eigenen Zeit, meiner Interessen und meines Lebens mit ihm teilen. Mich von ihm beeinflussen lassen. Ihn als wichtige Bereicherung meines Lebens betrachten. Wenn notwendig, auch Opfer für ihn bringen. Diese Form der Beziehung setzt in der Regel eine bewusste, klare Hinwendung zu Gott voraus.
- Ich kann mit Gott eine Form von »verbindlicher Partnerschaft« eingehen.

Anregungen aus dem Alten Testament

Das Bild der Partnerschaft wird interessanterweise im Alten Testament von einigen Propheten benutzt, wenn es um den Anspruch geht, den Gott an sein Volk hat.[46] Die Ehe war auch im alten Orient – neben der Vater- oder Mutterschaft – das Symbol der intensivsten Verbundenheit, die zwischen zwei Menschen möglich ist. Was aber sollte mit diesem Vergleich in der Bibel ausgedrückt werden?

Die Botschaft der Propheten lautete: Gott will sein Volk Israel in ähnlicher Verbindlichkeit, Liebe und Ausschließlichkeit als sein Gegenüber, wie es Braut und Bräutigam durch ihre Heirat anstreben. Das Volk hingegen, so die häufige Anklage der Propheten, *benutzt* Gott eher, als dass es für ihn da ist. Das bedeutet: Die Menschen, vor allem auch die führende Priesterschicht, nehmen von Gott Notiz, sofern es ihren eigenen Interessen dient, fragen aber nicht ernsthaft danach, was Gott eigentlich von ihnen erwartet und ob sie dieser Erwartung in irgendeiner Weise gerecht werden.

Gott leidet unter dieser Verflachung der Beziehung. An den Rand gedrängt, muss er mit ansehen, wie sich zerstörerische Strukturen in der Welt immer mehr ausbreiten, weil seine Weisungen missachtet werden. Das Verhängnisvolle dabei ist: Die Menschen tun, was sie wollen, und sind überzeugt davon, dass Gott sie gnädig beschützt. Sie merken aber nicht, dass sie langfristig aufgrund ihrer Eigenmächtigkeit in ihr Unglück rennen. So könnte man zusammengefasst das große Drama skizzieren, das sich zwischen Gott und seinem Volk seit dem Auszug aus Ägypten jahrhundertelang immer wieder abspielte und von den Historikern oder Propheten selbst aufgezeichnet wurde.

Anregungen aus dem Neuen Testament

Können wir als Christen heute unsere Verbindung mit Jesus bzw. Gott mit dem Bild der Partnerschaft in Verbindung bringen? In der Tat gibt es einige Vergleichspunkte, die sicher nicht zufällig von Jesus betont werden.

[46] Vgl. beispielsweise Jesaja 62,5; Jeremia 2,2; Hosea 2,21f. Ein anderes häufig gebrauchtes Bild ist das Vater-Kinder-Verhältnis.

- Jesus vergleicht den Glauben an Gott mit einer Totalhingabe: Neben diesem »Herren« hat kein anderer Platz, sonst zersplittert man sich selbst. Matthäus 6,24: »Niemand kann zwei Herren dienen: Entweder er wird den einen hassen und den anderen lieben, oder er wird sich an den einen binden und den anderen verachten. Ihr könnt nicht Gott dienen und dem Mammon (= Wohlstand als Mittel zur Lebenssicherung).«
- Jesus verbindet den Entschluss, ihm nachzufolgen, ausdrücklich mit dem Verzicht auf Selbstbestimmung: »Da sprach er zu ihnen allen: Wer mir folgen will, der verleugne sich selbst und nehme sein Kreuz auf sich täglich und folge mir nach« (Lukas 9,23).[47] Dazu gehört auch die Bereitschaft, sich unter Umständen – nicht grundsätzlich[48] – aus allen anderen Bindungen zu lösen: »So auch ein jeglicher unter euch: Wer sich nicht von allem löst, was er hat, kann nicht mein Jünger sein« (Lukas 14,33).
- Bei Johannes benutzt Jesus das Bild von Weinstock und Rebe: »Ich bin der Weinstock, ihr seid die Reben. Wer in mir bleibt und ich in ihm, der bringt viel Frucht« (Johannes 15,5) – eine engere Form der Verbundenheit, ja, der Abhängigkeit ist kaum vorstellbar.

Fazit: Sowohl im Alten wie auch im Neuen Testament ist das Ideal der Beziehung zwischen Mensch und Gott bzw. zwischen Mensch und Jesus Christus eine höchst enge, ja exklusive Beziehung. In dieser Beziehung wird Gott für uns Menschen in einer so intensiven Form der Hingabe zum (allerdings überlegenen) »Gegenüber«, wie es in einer menschlichen Partnerschaft immer nur annäherungs- und phasenweise der Fall sein kann. Auch können wir uns in ei-

[47] Mit »Selbstverleugnung« ist an dieser Stelle keine Missachtung der eigenen Person und ihrer Bedürfnisse gemeint, sondern eben jenes Sichausliefern, das einer Übergabe des eigenen Ichs gleichkommt.

[48] Beispielsweise hat Jesus von seinen zwölf Jüngern nicht verlangt, ihre Ehen aufzulösen bzw. für immer ihre Familien zu verlassen, siehe Markus 1,30.

ner menschlichen Partnerschaft niemals so rückhaltlos auf den anderen verlassen, da wir die Grenzen seiner Belastbarkeit nicht im voraus kennen.

Diese intensive Beziehung zu Gott bedarf jedoch – und hier liegt wieder das Modell der Partnerschaft oder Freundschaft nahe – der sorgfältigen Pflege und des Engagements. Andernfalls können ihre segensreichen Auswirkungen nicht zum Tragen kommen.

Allerdings ist es uns Menschen freigestellt, welchen Grad an Nähe und Verbindlichkeit wir unserer Beziehung zu Gott bzw. Jesus verleihen möchten. *Wir* entscheiden, wie sehr wir Gott in unser Leben miteinbeziehen, wie viel Einfluss wir ihm gewähren, wie umfassend unsere Bereitschaft ist, ihn in und durch uns wirken zu lassen. Von dieser Entscheidung hängt dann allerdings auch das Maß an Veränderung ab, das wir dank dieser Beziehung durchlaufen werden.[49]

Ich bin deswegen überzeugt: Wir können nur dann von unseren inneren Antreibern frei werden und uns in der Beziehung zu Gott als getragen erleben, wenn wir das *Ziel* haben, uns Gott und seinem Wirken rückhaltlos auszusetzen.

Dies ist der Sinn des Gebotes, Gott zu lieben »von ganzem Herzen, ganzer Seele und mit aller Kraft«. Mit halbem Herzen, geteilter Seele und zersplitterter Kraft ist nichts erreicht, schon gar nicht jene umfassende Neuausrichtung, die Jesus wohl meinte, als er sagte: »Nur, wenn jemand von neuem geboren wird, hat er Anteil an Gottes Reich« (Johannes 3,3).

[49] Vgl. Jesu Ruf über Jerusalem: »... wie oft habe ich deine Kinder versammeln wollen, wie eine Henne ihre Küken versammelt unter ihre Flügel – und ihr habt nicht gewollt« (Matthäus 23,37).

Ein bisschen Christ sein ...?

Vielleicht fragen Sie sich an dieser Stelle: »Gibt es denn nur alles oder nichts? Kann man nicht auch ›in Maßen‹ oder ›ein wenig‹ christlich oder religiös sein? Kann man nicht auch Interesse an Gott oder Religion haben, so wie man Interesse an alten Kirchen, an Geschichte, Kunst und vielem anderen haben kann?« Doch, das kann man! Viele christlich gesinnte Menschen praktizieren diese Art von Religiosität. Weshalb? Einige wollen es wohl nicht anders, manche wissen es nicht besser, viele haben sich sicher auch noch keine Gedanken gemacht, was Christsein eigentlich bedeutet oder beinhalten könnte. Auch wenn all diese Gründe verständlich sind, so sollte man doch eines nicht tun: Man sollte diese »christliche Gesinnung« auf gar keinen Fall mit der von Jesus gemeinten Nachfolge verwechseln! Eine »christliche Gesinnung« umrahmt schmückend das (weitgehend selbstbestimmte) Leben, stabilisiert möglicherweise die Psyche, gibt Trost und Kraft und schenkt uns Geborgenheit im Kreise Gleichgesinnter. Doch mit Nachfolge, also mit dem Prozess der tiefen geistig-emotionalen Verwandlung, von der Jesus spricht, hat diese Art der Religiosität wenig bis gar nichts zu tun – es sei denn, sie bildet den Ausgangspunkt für eine weitere Entwicklung.

Um es wieder im Bild der Partnerschaft zu sagen: Man kann einen Menschen »bis zu einem gewissen Grad« lieb haben – weil es manches gibt, was man am anderen durchaus schätzt. Aber man kann nicht »ein bisschen« heiraten oder ein bisschen Familie gründen. Man kann auch, um einen Vergleich aus dem Berufsleben zu nehmen, gelegentlich in einer Firma mitarbeiten. Oder man lässt sich fest anstellen und engagiert sich »bis zu einem gewissen Grad« in seinem Beruf. Aber man kann nicht »ein bisschen« ein Geschäft führen. Hier lautet die Maxime: Ganz oder gar nicht! Bedeutende Vorhaben verlangen hundertprozentige Hingabe und Entschiedenheit, sonst können sie nicht gelingen.

Die Frage, ob wir Getriebene oder Getragene sind, entscheidet sich längerfristig allein an unserer *völligen Hingabe* an Gott als Quelle des Lebens.[50]

»Religion bedeutet immer Leibeigenschaft gegenüber Gott und Kompromisslosigkeit gegenüber seinem Willen. Und weil das so ist, liegt in der Forderung nach radikaler Hingabe (...) auch der sicherste Weg zu sich selbst. Man muss sich auf diesen Schock einlassen. Religion ist nicht billig mitzunehmen.«[51] – Genau dies hat Jesus uns nicht nur verkündet, sondern in eigener Person – mit allen Konsequenzen – vorgelebt. Was mit dieser Hingabe gemeint ist, wird sehr schön in einem alten Gebet ausgedrückt, dem so genannten »Bruderklausengebet«:

Mein Herr und mein Gott,
nimm alles von mir,
was mich hindert zu dir.
Mein Herr und mein Gott,
gib alles mir,
was mich führet zu dir.
Mein Herr und mein Gott,
o nimm mich mir
und gib mich ganz
zu Eigen dir.

Getragensein – was ist das eigentlich?

Doch um vom Getrieben- zum Getragensein durchzudringen, müssen wir erst einmal begreifen, was Getragensein eigentlich beinhaltet:

[50] Vgl. Psalm 36,10: »Denn bei dir ist die Quelle des Lebens, und in deinem Licht sehen wir das Licht« (= sehen wir die Welt mit anderen Augen).
[51] Klaus Berger, Jesus, München 2004, S. 218

▷ Getragensein bedeutet, sich einem anderen – dem, der trägt – voll und ganz anzuvertrauen.
▷ Es bedeutet, von der Kraft des anderen gehalten und vorwärts gebracht zu werden.
▷ Es bedeutet, sich auch dem Ziel des Tragenden zu unterstellen (das man nicht unbedingt kennt) und darauf zu vertrauen, dass dieses Ziel gleichzeitig der Sinn des eigenen Lebens ist.[52]
▷ Es bedeutet, darauf zu vertrauen, dass der andere mich niemals, auch in höchster Gefahr nicht, fallen lässt.

Das Bild Gottes, der den Menschen trägt, wird im Alten Testament mehrfach verwendet:

- In 5. Mose 1,31 wird zurückgeschaut auf die Erfahrungen des Volkes Israel: »In der Wüste hast du gesehen, dass dich der Herr, dein Gott, getragen hat, wie ein Mann seinen Sohn trägt, auf dem ganzen Wege, den ihr gewandert seid, bis ihr an diesen Ort kamt.« Hier wird auch deutlich: Die Menschen wurden zwar getragen – aber sie mussten selbst marschieren!
- Ebenfalls im 5. Buch Mose (Kap. 32,11) heißt es: »Wie ein Adler ausführt seine Jungen und über ihnen schwebt, so breitete Gott seine Fittiche aus und nahm sein Volk und trug es auf seinen Flügeln.«
- Der Prophet Jesaja verkündet im Namen Gottes: »Hört mir zu, ihr vom Haus Jakob, und alle, die ihr noch übrig seid vom Haus Israel, die ihr von mir getragen werdet von Mutterleibe an und vom Mutterschoß mir aufgeladen seid: Auch bis in euer Alter bin ich derselbe, und ich will euch tragen, bis ihr grau werdet. Ich habe es (bisher) getan, ich will (auch zukünftig) heben und tragen und erretten« (Kap. 46,3f).[53]

[52] Das Wort »Sinn« bedeutet ursprünglich Ziel, Richtung, wie es noch in dem Wort »Gesinnung« zum Ausdruck kommt.
[53] Vgl. dazu das schöne Gedicht von Jochen Klepper, das an diese Bibelstelle anknüpft: »Ja, ich will euch tragen/ bis ins Alter hin/ und ihr sollt einst sagen/ dass ich gnädig bin ...« (Ev. Gesangbuch von Württemberg, Nr. 380).

Welche Chancen ergeben sich durch unser Getragensein?

- Getragen werden heißt: umfassend bejaht sein – mit allen Bedürfnissen, Gefühlen, Stärken und Schwächen. Gott trägt mich in meinem *ganzen* »Gewicht«, er trägt nicht nur Teile von mir.
- Wir können die Entlastung, die uns geschenkt wird, an die Menschen weitergeben, die für uns Verantwortung getragen haben und dieser Verantwortung möglicherweise nicht (immer) gerecht geworden sind. Ich möchte diese Entlastung am Beispiel des Gebotes, Vater und Mutter zu ehren (2. Mose 20,12), verdeutlichen: »Weil und insofern ich, der Herr, dein Gott bin, kannst du Vater und Mutter ehren. Du brauchst sie nicht zu vergöttern und nicht zu verteufeln, sondern du kannst es dir leisten, sie als das anzunehmen, was sie waren und sind: als Menschen, die im Rahmen ihrer beschränkten Möglichkeiten, Einsichten und Kräfte versucht haben, dir als ihr Kind gerecht zu werden. Du wirst sie für dieses Bemühen anerkennen, auch wenn sie dir in vielerlei Hinsicht nicht gerecht geworden sind.«
- Getragensein bedeutet, unsere Kraft – die wir ja haben – im Sinne dessen, der uns trägt, einsetzen zu können. Aber nicht in erster Linie für uns, sondern für ihn. Paulus drückt diese Neuorientierung in seinem Brief an die Römer (Kap. 12,2) so aus: »Gleicht euch nicht dieser Welt an, sondern wandelt und erneuert euer Denken, damit ihr prüfen und erkennen könnt, was der Wille Gottes ist.« Die Erneuerung unseres Denkens ist offensichtlich eine Aufgabe, die wir nur vereint mit Gott anpacken können!
- In dieser Aufforderung des Paulus wird jedoch etwas Entscheidendes deutlich: Getragen sein heißt nicht passiv sein, sich untätig zurücklehnen wie in einer Sänfte, heißt auch nicht träge werden. Getragen sein heißt, nicht mehr ausschließlich auf eigene Rechnung und Verantwortung zu leben, sondern zu wissen: Ich bin in Gottes Händen, und diese Hände lassen mich nicht mehr los; in ihnen bin ich ein für alle Mal »gut aufgehoben«. Für das, was ich zum Lebenserhalt und zur Selbstentfaltung brauche, wird

mitgesorgt. Deshalb habe ich auch Kopf und Hände frei für die Aufgaben und Talente, die Gott mir ganz persönlich anvertraut hat.[54]

- Getragensein entlastet von der Sorge um uns selbst – aber nicht von der Aufgabe, sich »im Sinne des Erfinders« weiterzuentwikkeln. Die kirchliche Verkündigung krankt oft zu sehr daran, dass sie von einem Gott spricht, der »reine Liebe« ist und den Menschen mit dieser anspruchslosen, watteweichen Liebe total unterfordert. Dies steht in krassem Gegensatz zu der Botschaft und den Aussagen Jesu, der die Menschen immer in ihrer Mündigkeit und Verantwortung ansprach und sie gewaltig herausforderte.

Das Ziel unseres Lebens, das Ziel unseres Glaubens, das Ziel unseres Verwandeltwerdens und Getragenseins ist eine außerordentlich *anspruchsvolle* Herausforderung an uns Menschen. Das geistliche Leben ist ein ständiger Prozess der Umwandlung. Der Benediktinermönch Anselm Grün schreibt dazu: »Der Geist bewirkt unsere Verwandlung, aber an uns liegt es, uns für den Geist Christi zu öffnen, indem wir uns freimachen von der Macht der Welt, vom Denken der Masse; indem wir uns im Denken vom Geist Gottes bestimmen lassen und nicht von der Welt. Das verwandelte Denken wird auch zu einem neuen Verhalten führen, zu einem Tun und Handeln aus dem Geist Jesu Christi heraus.«[55] Das sind keine Utopien, sondern reale Möglichkeiten unseres Lebens!

[54] »Frei soll der Mensch sein von sich selbst, von der eigenen Suchtgewalt nach sich selbst, sei es im Genuss, sei es in der Selbstverwirklichung. Radikal frei soll der Mensch sein, um radikal etwas zu wollen, von dem alles abhängt. In dessen Gnade ich glücklich sein kann.« (Klaus Berger, Jesus, München 2004, S. 218).

[55] Anselm Grün, Verwandlung – eine vergessene Dimension geistlichen Lebens, Mainz 1993, S. 16

8.2. Unser Umgang mit uns selbst

Wir sind wertvoll – wir müssen es nicht erst werden

Um es vorab noch einmal deutlich zu machen: Was immer ich Ihnen an Tipps, Empfehlungen und Vorschlägen zur Arbeit an sich selbst unterbreite, das Ziel ist dabei nie, uns damit Gottes Liebe, Gnade oder Anerkennung zu *verdienen.* Sonst wären wir wieder beim Leistungsdenken angelangt. Die Versuchung dazu ist groß, denn der Gedanke »Liebe und Anerkennung gibt es nur gegen Leistung, deshalb kann man sich ohne Leistung nicht als wertvollen Menschen betrachten« ist tief in unseren Köpfen verankert. So tief, dass er in der Regel nahtlos in den eigenen Glauben eingebaut und, sozusagen im frommen Milieu, weitergezüchtet wird!

Das führt dazu, dass auch Christen – in der Regel natürlich unbewusst – ihr Selbstwertgefühl von ihrer »Leistung« Gott und Menschen gegenüber abhängig machen. Dieser Gedanke ist verfehlt, wie drei beispielhafte Erzählungen über Jesus deutlich machen:

- Nur bei Lukas findet sich eine Aussage Jesu, die zunächst recht befremdend anmutet. Jesus sagt (der Anlass ist nicht bekannt) Folgendes zu seinen Zuhörern: »Wer von euch, der einen Knecht hat, welcher für ihn pflügt oder das Vieh weidet, sagt zu ihm, wenn er vom Feld heimkommt: ›Komm gleich her und setze dich zu Tisch‹? Ist es nicht vielmehr so, dass er zu dem Knecht sagt: ›Bereite mir das Abendessen, zieh eine Schürze an und bediene mich beim Essen und Trinken, danach sollst du auch essen und trinken‹? Bedankt er sich etwa bei dem Knecht, dass er das getan hat, was ihm befohlen wurde? Das Gleiche gilt für euch: Wenn ihr alles getan habt, was euch (von Gott) befohlen ist, so sprecht: ›Wir sind wertlose Knechte; wir haben (nur) getan, was unsre Pflicht war‹« (Lukas 17,7-10). Was an dieser Aussage zunächst irritiert, ist das Adjektiv »wertlos«, das in vielen Texten auch mit »unnütz« übersetzt wird. Es stellt angesichts der Pflichttreue des Knechtes eigentlich eine missachtende Charakterisierung dar!

Hilfreich ist an dieser Stelle, die wörtliche Bedeutung des griechischen Wortes (achreinos) anzuschauen. Sie lautet: »nicht notwendig«. Damit wird deutlich, worauf es Jesus ankommt: *dass die Menschen, die Gott dienen, ihre Leistung auf gar keinen Fall dazu verwenden dürfen, sich und ihren Wert über diese Leistung zu definieren.* Auf uns übertragen heißt das: Unser Beitrag dazu, dass das Leben auf dieser Erde geschützt und gefördert wird, ist für Gott wichtig – aber unser Beitrag entscheidet nicht über die Art der Beziehung, die Gott zu uns hat. Auch nicht über die Liebe und Wertschätzung, die er uns entgegenbringt.

- Mit seiner für damalige Zuhörer schockierenden Aussage »Wenn ihr nicht umkehrt und werdet wie die Kinder, so werdet ihr nicht ins Himmelreich kommen« (Matthäus 18,3) machte Jesus seinen überraschten Zuhörern klar, dass sich der Zugang zu Gott auf keinen Fall durch Leistung erlangen lässt. Gehört es doch gerade zum Wesen des Kindseins, sich (noch) nicht über die eigene Leistung definieren zu können und auch andere Menschen nicht nach ihren Leistungen zu bewerten. Ein weiteres Merkmal von Kindern ist, dass sie niemals von sich aus auf die Idee kommen, sich zu fragen, ob sie die Liebe ihres Vaters und ihrer Mutter überhaupt »verdienen«, ja, ob sie dieser Liebe überhaupt würdig sind, wo sie doch so vieles noch nicht können und falsch machen. So denken Kinder nicht! Wenn Vater und Mutter allerdings anfangen, ihre Liebe zu *dosieren* und sie dem Kind nur unter bestimmten *Bedingungen* zu schenken, dann wird es aus seinem naiven Vertrauen in die eigene Liebens-Würdigkeit gerissen. Wir dürfen diesen Missbrauch elterlicher Liebe auf gar keinen Fall auf Gott projizieren und ihm unterstellen, dass er seinerseits auch nur bedingt liebt!
- Das Gleichnis vom verlorenen Sohn, das Jesus in Lukas 15 erzählt, müsste eigentlich »Das Gleichnis vom bedingungslos liebenden Vater« heißen. Der in die Ferne gezogene Sohn war der festen Überzeugung, durch sein Fehlverhalten die Liebe des Vaters quasi verspielt zu haben: »Ich bin hinfort nicht mehr wert, dein Sohn zu sein; behandle mich wie einen deiner Tagelöhner«,

sagt er zu seinem Vater. Doch der Vater bewies ihm mit der Reaktion auf seine Rückkehr das genaue Gegenteil – dass sein Sohn diese Sohnschaft nie und nimmer verspielen konnte.

Aus diesen drei Beispielen folgt:

Alles, was wir in unserer Beziehung zu Gott tun, anstreben, worum wir uns bemühen, entspringt nicht dem Wunsch, von Gott angenommen zu werden, sondern es entspringt der *Gewissheit, von ihm angenommen zu sein!* Darum trägt dieses Buch auch den Titel: »Du bist gut genug!« Und zwar nicht, weil du fehlerlos bist oder werden willst, sondern weil du ein Mensch bist, der dem Leben – und damit Gott – dient, wie Jesus es auch getan hat. Diese Gewissheit muss allerdings Konsequenzen in unserem Leben, Denken und Verhalten haben.

Wir brauchen Selbsterkenntnis

Es gehört zu unserer aktiven Mitarbeit an unserem persönlichen Verwandlungsprozess, dass wir der Selbsterkenntnis und Selbstanalyse zentrale Bedeutung in unserem geistlichen Leben beimessen. Warum ist das so wichtig? Besteht hier nicht die Gefahr, einfach nur fromm um sich selbst zu kreisen? Diese Gefahr besteht in der Tat – aber nur dann, wenn man die Beschäftigung mit dem eigenen Ich unter falschen Vorzeichen betreibt! Das Vorzeichen besteht in der Frage, welches *Ziel* ich mit meiner Selbsterforschung verbinde, was mein Motiv ist. Mache ich aus der Beschäftigung mit meiner Person einen Selbstzweck, so betreibe ich letzten Endes nichts anderes als eine Art Nabelschau. Oder ich befinde mich auf einem »Egotrip«, bei dem ich meine Energien vorwiegend auf mich selbst konzentriere. Die Folge: Für andere bleibt nicht mehr viel Kraft und Interesse übrig. Bei dieser Art der »Selbsterfahrung«, die in vielen esoterischen, psychologischen und psychotherapeutischen Seminaren und Kursen stattfindet, fehlt ein *Gegenpol, ja Gegengewicht* zum eigenen Ich, aus dem sich so etwas wie ein höher geordnetes Ziel ergeben könnte. Stattdessen wird die Illusion verbreitet, dass der Mensch sich selbst erlösen, sich à la Münchhausen sozusagen am eigenen Schopf aus dem Sumpf ziehen könnte.

Wenn ich mich jedoch als ein Mensch, der sich *Gott hingeben* möchte, mit Selbstbeobachtung und Selbsterkenntnis beschäftige, dann ist das gerade *kein* Selbstzweck und auch keine »Selbsterlösung«. Es geht dabei vielmehr darum, dass ich, einfach ausgedrückt, »werde, wie Gott es will«. Ich fange bei mir an – aber ich bleibe nicht bei mir stehen! Ich schaue mich an – aber ich versuche dabei, mir vorzustellen, wie Jesus bzw. Gott mich sieht! Dabei hilft mir der Blick auf die vielen Begegnungen Jesu mit Menschen, von denen uns die Evangelien berichten.

Hilfreich in puncto Selbsterkenntnis ist für mich auch die Idee einer »Spiritualität von unten«, die Anselm Grün vertritt. In seinem spannenden Buch über die Vorläufer der Mönche, die so genannten Wüstenväter, die ab Ende des 4. Jahrhunderts n.Chr. die Wüsten Ägyptens zum Lebensort wählten, schreibt er: »Die Wüstenväter lehren uns eine Spiritualität von unten. Sie zeigen, dass wir bei uns und unseren Leidenschaften anfangen müssen. Der Weg zu Gott führt bei den Wüstenvätern immer über die eigene Selbsterkenntnis.«[56] Diese »Spiritualität von unten« unterscheidet sich radikal von der schon immer in theologischen, aber auch sonstigen christlichen Kreisen vorherrschenden »Spiritualität von oben«. Ihr Kennzeichen ist, dass sie uns mit hohen moralischen Normen und Idealen konfrontiert, die wir erreichen sollen. Die Folge: »Wir identifizieren uns so sehr mit den Idealen, dass wir unsere eigenen Schwächen und Grenzen verdrängen, weil sie dem Ideal nicht entsprechen. Das führt zur Spaltung. Spaltung aber macht krank.«[57]

Interessant, aber auch bestürzend ist, dass auch heute noch in manchen christlichen Kreisen und Gemeinden vieles, was mit

[56] Anselm Grün, Der Himmel beginnt in dir. Das Wissen der Wüstenväter für heute, Freiburg 2001, S. 18

[57] Ebd., S. 17. Grün beschreibt hier das gleiche Phänomen, das Reinhold Ruthe als »Lebenslügen und Selbsttäuschungen« bezeichnete, s. S. 142ff.

Psychologie, Selbsterkenntnis, Selbsterfahrung zu tun hat, eher abgelehnt oder zumindest misstrauisch beäugt wird. Oft in recht überheblich-feindseliger Form: »Das bringt doch alles nichts. Das ist doch Psychokram. Das haben wir als Christen nicht nötig. Uns genügt doch Gottes Wort.«[58] Die Erklärung für diese Abwehr liegt für mich klar auf der Hand: *Wer sich auf seine hohen Ideale und Überzeugungen konzentriert, muss sich nicht mit den Niederungen der eigenen seelischen Wirklichkeit, muss sich nicht mit seinem »Schatten« auseinander setzen.*

Ein Beispiel: Sie merken, dass Sie immer wieder schon bei relativ nichtigen Anlässen verletzt und beleidigt sind. Geprägt von der »Spiritualität von oben« reagieren Sie auf diese Gefühle möglicherweise, indem Sie sich sagen: »So sollte ich als Christ nicht reagieren. Ich sollte freundlich, gelassen und ausgeglichen sein! Vielleicht muss ich noch mehr darum beten, dass Gott mir die Kraft dazu gibt!« Mit diesen und ähnlichen Gedanken unterdrücken oder verdrängen Sie Ihre Verletzlichkeit, Ihr Gekränktsein – besser gesagt: Sie ersticken Ihre Gefühle unter dem dicken, schweren Kissen Ihrer Frömmigkeit.[59]

»Spiritualität von unten« würde hingegen bedeuten, dass Sie sich fragen: »Warum reagiere ich so leicht beleidigt? Worauf will mich mein schnelles Gekränktsein hinweisen? Welches Bedürfnis wird von meinen Mitmenschen nicht befriedigt? Sind möglicherweise alte, nie verheilte Verletzungen der Grund? Ist mein Selbstwertgefühl so schwach, dass ich mich allzu schnell von anderen angegriffen fühle? Bin ich so abhängig von ihrer Anerkennung?« Wenn man die

[58] »Bei vielen Frommen ist da eine Angst vor der Selbstbegegnung. Das drückt sich häufig in der Angst vor der Psychologie aus. Man schimpft über das psychologische Kreisen um die eigene Seele und setzt dagegen die Liebe zu Gott. Aber oft hat man den Eindruck, dass es hier mit der Liebe zu Gott auch nicht so weit her ist« (Anselm Grün, a. a. O., S. 35).

[59] Die Spiritualität von oben stellt hohe Ideale vor Augen (Selbstlosigkeit, Selbstbeherrschung, Keuschheit etc.), ohne sie genügend an die Realität des Menschen zurückzubinden. Ihre positive Bedeutung liegt in ihrer Herausforderung an den Menschen, auf diese Ziele hinzuwachsen. Das erfahrene Auseinanderklaffen von Ideal und Wirklichkeit kann allerdings auch dazu führen, die eigenen Schwächen und Grenzen zu verdrängen und sie auf andere zu projizieren.

eigenen Gefühle und Gedanken ernst nimmt, schreibt Grün, kommen wir in Berührung mit den Quellen, den tiefsten Ursprüngen unserer Energie. Diese Überlegungen führen uns schließlich zu Gott, denn: »Dort, wo mein größtes Problem liegt, da liegt auch die größte Chance, da liegt auch mein Schatz. Da komme ich in Berührung mit meinem wahren Wesen. (...) Der Weg zu Gott führt über die Begegnung mit mir selbst, über das Hinabsteigen in meine Wirklichkeit.«[60]

Mit anderen Worten: Menschen, die ihre Frömmigkeit dazu benutzen, *sich selbst aus dem Weg zu gehen*, werden auch in ihrer geistlichen Entwicklung stagnieren. Sie flüchten sich in fromme Gedanken, Gewissheiten, Gefühle und Geschäftigkeiten und weichen dadurch der Realität ihres Getriebenseins aus. Menschen, die ihre Frömmigkeit jedoch als Ausgangspunkt nehmen, um sich selbst zu ergründen, werden eine für sie und ihre Mitmenschen spürbare Veränderung und Reifung erleben.

Geistig-seelische und geistlich-spirituelle Entwicklung sind beide nicht möglich ohne intensive Arbeit an uns selbst. Die beginnt mit vertiefter Selbsterkenntnis und gesteigerter Selbstwahrnehmung. Wo diese Arbeit einfach an Gott abgeschoben wird (»Herr, ändere du mich ...«), zeugt dies nicht von tiefem Glauben, sondern von Scheu vor der Erkenntnis; Scheu auch vor der anstrengenden und schmerzlichen Mühe, die auf uns wartet.

Christen oder christliche Gemeinschaften, die stillschweigend die Herausforderung der Selbstwahrnehmung und Selbsterkenntnis mehr oder weniger ausklammern, wirken auf mich oft innerlich angespannt und verkrampft. Man spürt: Sie wollen unter allen Umständen korrekt sein und keine Fehler machen – was oft auf Kosten der Leichtigkeit, Offenheit, Freude und Spontaneität geht. Man hat das Gefühl: Hier sind lauter Menschen zusammen, die mit großer Anstrengung versuchen, ihrem von biblischen Normen geprägten »Ideal-Ich« (wie ein Christ sein sollte) zu entsprechen. Bitte verstehen Sie mich nicht falsch: Ich habe große Achtung vor dem Bemü-

[60] Anselm Grün, Der Himmel beginnt in dir, S. 26

hen dieser Christen und Christinnen, es »recht zu machen«. Aber ich glaube, dass sie das *falsche Ziel* gewählt haben, denn ihr Bemühen läuft auf eine verdeckte Form der Leistungsreligion hinaus – und führt so zur Unfreiheit. Unfreiheit dient jedoch niemals dem Leben, zu dem wir berufen sind, sondern mindert und schädigt es.

Anregungen aus der Bibel

Aber werden wir denn von Gott oder Jesus selbst zur Selbstbeobachtung aufgefordert? Die Antwort mag manche überraschen: Es gibt sowohl bei den alttestamentlichen Propheten als auch in der Verkündigung Jesu eine Fülle von Appellen, die nichts anderes als eine Aufforderung zur Selbsterkenntnis sind.

Altes Testament

- Als der von tiefem Neid zerfressene Kain beschloss, seinen Bruder Abel umzubringen, schaltete Gott sich ein und warnte ihn mit den Worten: »Kain, warum blickst du so finster? Es ist doch so: Wenn du mit deinem Bruder im Reinen bist, hast du keinen Grund, zornig zu sein. Doch wenn du es nicht bist, dann hab Acht: Die Sünde lauert vor der Tür und will dich zu Fall bringen; du aber lerne, über sie Herr zu werden« (1. Mose 4,6-7).
  In dieser Warnung war ein doppelter Appell enthalten: Zum einen sollte Kain sich Rechenschaft darüber abgeben, welche Gefühle ihn beherrschten und worin sie ihren Ursprung hatten. Zum andern sollte er lernen, sich in seinem Verhalten nicht von unbewussten inneren Antreibern steuern zu lassen, sondern sie kritisch und ehrlich zu betrachten, um so *Kontrolle* über sie zu erlangen. Diese Kontrolle sollte ihn vor Sünde bewahren. Beide Appelle Gottes verhallten ungehört – Kain folgte blindlings seinem inneren Antreiber (in diesem Fall: Angst, zu kurz zu kommen) und ermordete seinen Bruder. Die »Unheilsgeschichte« des

menschlichen Zusammenlebens, die schon bei Adam und Eva begann, nahm ihren Lauf.

- König David beging Ehebruch mit Bathseba, der Frau eines seiner Militärführer. Weil sie schwanger von ihm war, sorgte David dafür, dass der Ehemann ums Leben kam. Darauf hin suchte der Prophet Nathan ihn auf und erzählte ihm eine Geschichte, in der es um Schafe und ihre Besitzer ging. David reagierte angesichts des Inhalts zornig und empört, woraufhin Nathan ihm sagte: »Der Mann, über den du dich so entrüstest, bist du.« Er hielt David einen Spiegel vor und zwang ihn zur Selbsterkenntnis: Er hatte eine doppelte Schuld auf sich geladen – Ehebruch und Anstiftung zum Mord (2. Samuel 12,1-15).
- Auch der Prophet Jesaja hielt seinen Zeitgenossen mit dem spannenden Lied vom unfruchtbaren Weinberg einen Spiegel vor, indem er ihnen am Schluss des Liedes mitteilte: »Des Herrn Weinberg – das ist das Haus Israel!« (Jesaja 5,1-7).
- In Jesaja 58 war es Gott selbst, der durch den Propheten sein Volk zur kritischen Selbsterkenntnis aufrief: »(Ihr fragt:) ›Warum fasten wir, und du siehst es nicht an? Warum kasteien wir uns, und es interessiert dich nicht?‹ Siehe, an dem Tag, da ihr fastet, geht ihr doch euren Geschäften nach und bedrückt alle eure Arbeiter. Siehe, wenn ihr fastet, streitet und zankt ihr und schlagt mit gottloser Faust drein. So wie ihr jetzt fastet, sollt ihr nicht fasten, wenn eure Stimme in der Höhe gehört werden soll!« Gott verlangte: »Gebt euch Rechenschaft über euer Verhalten – und ihr werdet begreifen, warum ich nicht auf eure Frömmigkeitsbezeugungen reagiere.«
- Der Prophet Micha musste seinem Volk ebenfalls unbequeme Wahrheiten mitteilen: »Und ich sprach: Höret doch, ihr Häupter im Haus Jakob und ihr Herren im Haus Israel! Ihr solltet die sein, die das Recht kennen. Aber ihr hasst das Gute und liebt das Böse; ihr schindet den Menschen die Haut ab und das Fleisch von den Knochen und fresst das Fleisch meines Volkes. (...) Darum, wenn ihr nun zum Herrn schreit, wird er euch nicht erhören, sondern wird sein Angesicht vor euch verbergen zur selben Zeit; wie ihr

es mit eurem bösen Treiben verdient habt« (Micha 3,1-4). Auch hier war das Ziel, den Menschen ihr Verhalten bewusst zu machen, damit sie verstanden, warum Gott schwieg.

Neues Testament

Im Kapitel über die »inneren Antreiber« wurden viele Beispiele aus den Evangelien zitiert, die deutlich gemacht haben, wie sehr Jesus die Menschen mit unbequemen Wahrheiten konfrontierte. Ich möchte an dieser Stelle noch einmal auf seinen häufigsten Vorwurf »Ihr Heuchler!« zurückkommen. Heuchler sind Menschen, die sich und anderen etwas vormachen, weil sie etwas zu verbergen haben. Heuchelei ist, so gesehen, das genaue Gegenteil von Selbsterkenntnis. Heuchelei verhindert darüber hinaus den Zugang zu Gott, weil man auch Gott gegenüber nicht aufrichtig ist. Auf diese Weise kann Gott auch im Menschen nichts bewirken!

Zwei Beispiele aus Jesu Verkündigung seien genannt:

- Jesus begegnete am Sabbat einem Kranken und wusste, dass er mit einer Heilung gegen das Gesetz verstoßen würde, weil Heilung mit Arbeit gleichgesetzt wurde. Daraufhin fragte Jesus die Pharisäer, mit denen er zusammensaß, ganz direkt, ob es recht sei, am Sabbat zu heilen oder nicht. Als sie ihm keine Antwort gaben, heilte er den Kranken und fragte sie: »›Welcher ist unter euch, dem sein Sohn oder sein Ochse in den Brunnen fällt und der ihn nicht unverzüglich herauszieht (auch) am Sabbat?‹ Und sie konnten ihm darauf keine Antwort geben.« Weshalb? Weil sie in diesem Fall hätten eingestehen müssen, dass sie nur dann am Arbeitsverbot festhielten, wenn ihre eigenen, persönlichen Interessen *nicht* bedroht waren. Im Grunde pflegten sie eine Doppelmoral – was Jesus entlarvte, die Pharisäer aber nicht wahrhaben wollten (Lukas 14,5).
- Eine besonders drastische Äußerung Jesu lautet: »Wie kommt es, dass du den Splitter im Auge deines Bruders siehst – aber den Balken im eigenen Auge bemerkst du nicht? Du Heuchler – zieh

zuerst den Balken aus deinem Auge, und dann mache dich daran, den Splitter aus dem Auge deines Bruders zu ziehen!« (Matthäus 7,3.5).

Auch hier ist ein doppelter Appell enthalten. Zum einen macht Jesus darauf aufmerksam, dass die Selbstprüfung all unseren Urteilen über den Nächsten vorauszugehen hat. Diese Selbstprüfung beinhaltet natürlich auch die Frage: »Könnte es sein, dass ich mich nur deshalb auf den vermeintlichen Fehler des anderen konzentriere, um der Erkenntnis meiner eigenen Defizite ausweichen zu können? Und könnte es darüber hinaus noch sein, dass ich genau jene ›Problemseiten‹ meines Nächsten am stärksten wahrnehme, die ich selbst auch in mir habe?« Doch Jesu Worte zielen noch weiter: Er fordert uns auf, der Arbeit an uns selbst *absolute Priorität* einzuräumen – und sich erst an zweiter Stelle mit dem Nächsten und seinen vermeintlichen Fehlern zu beschäftigen.

Jesus will damit eine zweifache Entfremdung verhindern: zum einen die Entfremdung von uns selbst, die dann eintritt, wenn wir unsere eigenen Bedürfnisse nicht wahrnehmen und unser Augenmerk lieber auf unsere Umwelt als auf unsere Innenwelt richten. Denn dadurch geben wir unseren unbewussten inneren Antreibern Raum und Macht und bemänteln sie womöglich noch christlich. Zum andern besteht aber auch die Gefahr, uns von unserem Nächsten zu entfremden, es sei Partner, Familienangehöriger, Freund, Gemeindemitglied, Kollege, Mitarbeiter usw. Diese Entfremdung kommt ebenfalls auf zweifache Art zustande:

Indem ich dunkle Seiten an mir selbst verdränge, kann ich dem anderen nicht rückhaltlos ehrlich und aufgeschlossen begegnen – ich bin ihm gegenüber weder unbefangen noch authentisch. Indem ich darüber hinaus den anderen be- und möglicherweise verurteile, ihn kritisiere, anklage, verachte oder gar ausgrenze, bin ich auch für seine Bedürfnisse nicht offen und verweigere ihm jede Einfühlung und Nähe. Dadurch schaffe ich eine Kluft zwischen uns, die durch nichts, auch nicht durch oberflächliche Freundlichkeit und Zusammenarbeit, überbrückt werden kann.

Fazit: Fehlende Selbsterkenntnis führt zu einer Stagnation in der Gottesbeziehung. Darüber hinaus spaltet und lähmt sie mich in meinen Beziehungen zu anderen Menschen. Das erschwert Offenheit, Vertrauen und die gemeinsame geistliche Entwicklung.

Konsequenzen – zum Beispiel für unsere Einstellung zu Erfolg und Leid

Wer die Arbeit an sich selbst als spannende Herausforderung seines Christseins begreift und annimmt, gewinnt eine andere Einstellung zu Leid und Leiden in seinem Leben.

Jesu Definition von Lebensqualität hat nichts mit vordergründiger Leidensfreiheit und Befriedigung zu tun. Dies zeigt seine Frage (in der Übersetzung von Martin Luther): »Was hülfe es dem Menschen, wenn er die ganze Welt gewönne und nähme doch Schaden an seiner Seele?« (Matthäus 16,26). Unsere eigentliche Lebensqualität, so unterschiedlich sie im Einzelnen sein mag, hat offenbar immer etwas mit seelischem Heilsein und Heilwerden zu tun, ich möchte sagen: mit der Verwurzelung unserer Seele in Gott. Diese Erkenntnis lässt uns – auch als Christen – eigene und fremde Erfolge in einem kritischeren Licht sehen. Sie müssen nicht verteufelt werden – sie können aber auch nicht automatisch als Zeichen göttlichen Segens gedeutet werden, wie es in manchen christlichen Richtungen üblich war und ist. »Uns ist alles erlaubt«, sagt Paulus, auch Glück und Erfolg anzustreben und zu genießen, »aber es ist nicht alles zu unserem Nutzen« (1. Korinther 6,12). Erfolg, egal ob in puncto Beruf, Familie, Gesundheit, Ehrenamt, Ansehen, Finanzen, Selbstverwirklichung, hat immer auch seine gefährlichen Seiten, weil unser Selbst sich an den Erfolg heftet, sich im Erfolg verliert. Schließlich wird der Erfolg zum Selbstläufer und Selbstzweck; er wird wichtiger als die Frage: »Wozu mache ich das überhaupt?«

Der (zeitlebens wenig begüterte) Dichter Matthias Claudius hat diese Schattenseiten des Erfolgs schon vor über zweihundert Jahren beobachtet, wie drei Strophen aus seinem Gedicht »Täglich zu singen«[61] zeigen:

Ich danke Gott mit Saitenspiel
Dass ich kein König worden;
Ich wär geschmeichelt worden viel,
Und wär vielleicht verdorben.

Auch bet ich ihn von Herzen an,
Dass ich auf dieser Erde
Nicht bin ein großer reicher Mann,
Und auch wohl keiner werde.

Denn Ehr und Reichtum treibt und bläht,
Hat mancherlei Gefahren,
Und vielen hat's das Herz verdreht,
Die weiland wacker waren.

Ebenso gefährlich wie der Umgang mit dem Erfolg ist der Umgang mit dem Leid. Jede Form von Schmerz und Leiden bringt den Menschen unter Druck. Die Kluft zwischen Wunsch und Wirklichkeit erzeugt eine Spannung, die irgendwie ausgehalten, besser noch: die gestaltet werden muss. Allerdings ist »Leid« oder »Unglück« eine sehr relative Größe. Schon der römische Kaiser Marc Aurel erkannte: »Unser Leben ist das, wozu unsere Gedanken es machen.« Es ist also weniger entscheidend, *was* uns widerfährt, als vielmehr, *wie* wir das Erfahrene oder Erlebte gedanklich verarbeiten, interpretieren und bewerten.

Christen sind Menschen, die begriffen haben, dass Leid keine Strafe, auch kein Zeichen von göttlicher Lieblosigkeit oder Gleichgültigkeit ist. Sie haben es begriffen, weil Jesus selbst, Gottes geliebter Sohn, qualvoll und viel zu jung sterben musste. Auch wenn er wieder auferweckt wurde – sein irdisches Leben war auf grausame Weise zu Ende gegangen.

[61] Matthias Claudius, Das Schönste aus seinem Werk, München 1978, S. 111f.

Doch was heißt das für uns persönlich? Beginnen wir mit dem Leid, das wir uns selbst zufügen durch Schwäche, Scheitern, Bequemlichkeit, riskantes Verhalten aller Art. Wie könnten wir aus unseren Fehlern lernen, wenn Gott uns ständig deren Folgen ersparen würde? Auch das Leiden an der eigenen Gottesferne, an der eigenen Trägheit ist notwendig, um zum Ansporn für Veränderung zu werden. Die Wüstenväter sagen: Ohne Trauer über das eigene Leben kommt kein Mensch zur Umkehr. Die Trauer erst gibt ihm die Kraft, etwas zu ändern.[62]

Und wie ist es mit dem Leid, das uns die Mitmenschen zufügen? Dieses Leid dient meines Erachtens häufig dazu, den Prozess der Selbsterkenntnis wieder in Schwung zu bringen, denn wenn ein Mensch mich enttäuscht, mich verletzt, mir Böses antut, bin ich gezwungen, über ihn und über mich nachzudenken. Das ist nicht der Fall, wenn er sich so verhält, wie ich es wünsche, erwarte und gewohnt bin.

Ich persönlich kann sagen: Gerade aus *den* Erfahrungen in meinem Leben, wo Menschen übel oder zumindest für mich enttäuschend mit mir umgesprungen sind, habe ich im Nachhinein eine Menge gelernt – über mich, meine (mögliche, nicht zwangsläufige!) eigene Mitschuld oder Verletzlichkeit, meine inneren Antreiber, aber auch über das Wesen und Getriebensein des Menschen ganz allgemein. Dadurch wird das Leid, das mir zugefügt wurde, nicht bagatellisiert, ganz im Gegenteil – doch ich sehe es in einem anderen Licht. Es gewinnt, neben seinem negativen Gewicht, das es sowieso hat, auch noch eine andere, konstruktive Seite.

Bleibt der große Rest an Leid und Leiden, für das niemand oder fast niemand etwas kann – all das, was unter die Rubrik »höhere Gewalt« fällt: Krankheit, Schicksalsschläge, Todesfälle, Verluste, Notlagen aller Art. Um solchen Erfahrungen – nach einer Zeit des Haderns und der Auflehnung – nicht nur feindselig und trauernd, sondern auch in gewissem Sinn bejahend gegenüberstehen zu kön-

[62] Gertrude und Thomas Sartory, Die Meister des Weges in den großen Weltreligionen, Freiburg 1981, S. 111

nen, ist meines Erachtens die Hilfe anderer Menschen notwendig. Manchen Weg kann ich nur gehen, weil Gott mir einen »Engel« schickt, der mich begleitet und auffängt, wenn ich zu fallen drohe. Zu manchem Ereignis in meinem Leben kann ich nur Ja sagen, weil ein anderer Mensch es mit mir »durchbuchstabiert« hat, bis ich es besser verstehen konnte. Engel ohne Flügel – das sind jene Menschen, die mir begegnen oder beistehen, wenn ich sie brauche ...

Doch der Umgang mit Leid beinhaltet ja noch viel mehr. Es geht auch darum, fragen zu können: »Was will Gott mir möglicherweise damit deutlich machen, dass er mir diesen Schmerz, diese Entbehrung, diese Not zumutet? Was kann oder soll ich daraus lernen? Wo sehe ich neben der Last auch eine Entwicklungschance?« Diese Frage muss nicht immer gestellt werden, aber sie kann manchmal durchaus hilfreich sein. Es ist leichter, sie im Zwiegespräch mit einem vertrauten, einfühlsamen Menschen zu stellen als in der Einsamkeit. Wie schwer ist es, solche Gedanken ganz allein für sich, im stillen Kämmerlein, zu wälzen – und wie viel eher gelingt es mit einem Gegenüber, das mitdenkt!

Es ist ein faszinierender Gedanke, dass alles, was mir begegnet, auch etwas damit zu tun hat, *dass* ich in Beziehung mit Gott lebe und *wie* ich in dieser Beziehung lebe. Aber diesen Gedanken kann ich nicht allein entfalten und weiterdenken.

8.3. Unser Umgang mit dem Nächsten

Noch einmal: Die Haltung der Liebe

Die Beziehung zum Du ist der Prüfstein der Nachfolge, der Prüfstein auch der Herrschaft über unsere inneren Antreiber. Eine Auswirkung dieser Herrschaft kann darin bestehen, dass wir das Gebot, den Nächsten zu lieben, immer bewusster und einfühlsamer in die Praxis umsetzen. Dabei ist entscheidend, sich noch einmal klarzumachen: Die von der Bibel gemeinte Liebe ist in erster Linie kein Gefühl – denn Gefühle schwanken und sind immer unbeständig –, sondern eine Haltung. Diese Haltung ist wiederum ohne die Arbeit an sich selbst und ohne Gottes Unterstützung schwer zu erlernen – und noch schwerer bei Belastungen durchzuhalten.

Die Haltung der Liebe wird im Normalfall natürlich auch von Gefühlen gespeist – aber nicht ausschließlich und in erster Linie! Die entscheidende Rolle spielt die Bereitschaft, sich in unser jeweiliges Gegenüber einzufühlen. Dafür muss man sich immer wieder neu entscheiden, vielleicht auch »durchringen«. Die Haltung der Liebe schenkt uns eine innere Überlegenheit gegenüber den Reaktionen und Verhaltensweisen unseres jeweiligen Gegenübers.

Diese Haltung der Liebe, zu der unser Glaube uns führen kann, wird von Jesus in den Seligpreisungen vorgestellt (Matthäus 5,3-9)[63]:

▷ *Selig sind die im Geiste Armen, denn ihnen gehört das Reich der Himmel.* Menschen, die sich ihrer geistig-seelischen Grenzen bewusst sind, besitzen Demut und sind auch bereit, Fehler einzugestehen. Sie können Kritik ertragen und müssen sich nicht immer rechtfertigen oder verteidigen.

▷ *Selig sind, die da Leid tragen, denn sie sollen getröstet werden.* Leid erzeugt oft Hass, Bitterkeit und Vergeltungswünsche. Eine Haltung der Liebe verzichtet darauf »aufzurechnen« (was jedoch nicht damit gleichgesetzt werden darf, sich bereitwillig ausnutzen zu lassen). Das Leid, das andere uns zufügen, kann aus höherer, geistlicher Perspektive gesehen werden. Auf diese Weise versteinert man nicht in der Rückschau, sondern kann erwartungs- und hoffnungsvoll nach vorne blicken.

▷ *Selig sind die Sanftmütigen, denn sie werden die Erde besitzen.* Sanftmut bedeutet: Geduld und Nachsicht mit den Schwächen des anderen zu entwickeln – was nicht ausschließt, ihn unter Umständen auch mit seinen Schwächen zu konfrontieren.

[63] Ich gehe hier nur auf die Zielgruppen der Seligpreisungen ein, nicht auf die jeweils damit verbundenen Verheißungen.

▷ *Selig sind, die hungert und dürstet nach der Gerechtigkeit, denn sie sollen satt werden.* Menschen mit einer Haltung der Liebe verlangen nicht nur danach, dass Gott und Menschen *ihnen* gerecht werden, sondern sie streben auch von ganzem Herzen an, dass *sie selbst* ihren Mitmenschen und Gott gerecht werden und ihnen kein Unrecht tun.

▷ *Selig sind die Barmherzigen, denn sie werden Barmherzigkeit erlangen.* Barmherzigkeit zeigt sich in der Bereitschaft zur Vergebung, selbst wo die Gegenseite keine Einsicht oder Reue zeigt und auch keine Wiedergutmachung leisten kann oder will.[64]

▷ *Selig sind, die reinen Herzens sind, denn sie werden Gott schauen.* »Reinen Herzens sein« bedeutet: Aufrichtigkeit statt Heuchelei im Umgang mit sich selbst und mit anderen. Das setzt einen bewussten Umgang mit den eigenen inneren Antreibern voraus!

▷ *Selig sind die Friedensmacher, denn sie werden Gottes Kinder heißen.* Eine Haltung der Liebe zu entwickeln bedeutet, bereit zu sein, bei Konflikten und Verletzungen den ersten Schritt zu Verständigung und Versöhnung zu tun – unabhängig von der Frage, wer schuldiger ist.

Die Bedeutung der Gemeinschaft und der gegenseitigen Begleitung

Wie schon wiederholt angesprochen, halte ich es für unrealistisch, den Weg vom »Getrieben- zum Getragensein« allein gehen zu wollen. Jesus sagte: »Wo zwei oder drei in meinem Namen zusammen sind, da bin ich mitten unter ihnen« (Matthäus 18,20). Wir sollten uns diese Aussage genauer anschauen.

Was heißt es, in Jesu Namen zusammen zu sein? Es heißt meines Erachtens, dass wir diese Begegnung in seinem Sinne, sozusagen unter seiner Schirmherrschaft gestalten. Das setzt eine enge Verbun-

[64] Wobei diese Vergebung nicht in jedem Fall mit erneuter Annäherung an den Verletzer verbunden sein muss.

denheit mit Jesus und seiner Gesinnung voraus – durchdrungen zu sein vom Geist der Achtung und Empathie, mit dem Jesus jedem, ausnahmslos jedem Menschen gegenübertrat.

Im Sinne Jesu ist es zweifellos, wenn Menschen einander beistehen auf ihrem persönlichen Lebensweg und wenn sie sich begleiten auf dem Weg der Nachfolge. Beides bedeutet, dem Frieden, der Freude, dem Wachstum und damit dem (wahren) Leben zu dienen. Wenn es das Ziel dieses Weges ist, die eigenen inneren Antreiber immer wieder zu überwinden und auf diese Weise mehr und mehr ins Getragensein hineinzuwachsen, so ist dieser Lern- und Verwandlungsprozess nicht möglich ohne vertraute Menschen, die liebevoll und aufrichtig, aber auch kritisch mit uns umgehen. Diese Menschen sind es, die uns prägen und verändern. Wir sind darauf angewiesen – nicht nur als Kinder –, dass man uns vorurteilsfrei anschaut, uns aufmerksam zuhört, uneigennützig an unserer Person interessiert ist, um, wie Anselm Grün es nennt, »den Schatz in uns zu entdecken und zu heben«.[65]

Wenn wir einander liebevoll, aber klarsichtig wahrnehmen und ernst nehmen, das heißt: vom Geist Jesu erfüllt sind, dann ist es wahrhaftig so, als sei er selbst unter uns. Dann wird durch die Dynamik seines Geistes und seiner Gegenwart auch in uns und unseren Beziehungen eine positive Entwicklung in Gang kommen. Und warum spricht Jesus ausdrücklich von *zwei oder drei*? Will er damit sagen – so wird es von Theologen gerne interpretiert –, dass es nicht auf die Menge derer ankommt, die sich in seinem Namen versammeln? Sicher ist diese Deutung nicht falsch, doch ich sehe noch einen plausibleren Grund dafür, dass Jesus hier ausdrücklich von Zweier- oder Dreierteams spricht: weil der Mensch unter vier, maximal unter sechs Augen die vertrautesten, persönlichsten und aufrichtigsten Gespräche führen kann. Wie wichtig gerade bei persönlichen Dingen dieser Schutz der Intimität ist, beweist eine einige Verse vorher ausgesprochene Empfehlung Jesu: Wir sollen den Bruder, der sündigt, das heißt: der uns oder anderen nicht gerecht wur-

[65] Anselm Grün, Verwandlung, a. a. O., S. 70

de mit seinem Verhalten, *unter vier Augen* zurechtweisen (Matthäus 18,15). Diese »Zurechtweisung« sollte allerdings so ausfallen, dass der Betroffene sich nicht bloßgestellt, angegriffen, abgewertet oder unter Druck gesetzt fühlt!

Wir brauchen als Menschen, die sich entwickeln, aber auch die Gemeinschaft, damit sich unsere eigene Verwandlung in der Praxis bewährt. Man kann mit Fug und Recht sagen: »Die Verwandlung eines Menschen ist noch unvollkommen, wenn sich nicht auch seine Beziehungen wandeln.«[66] Wir müssen das, was sich in uns verändert, auch in konkretes Verhalten umsetzen, damit es sich ausformt und festigt.

Aus meiner Sicht ist es ein großer Mangel, dass viele Christen keinen persönlichen geistlichen Begleiter haben – keinen Weggefährten, mit dem sie sich immer wieder über ihre Erkenntnisse und positiven Erfahrungen, aber auch über ihre Niederlagen und Enttäuschungen mit sich selbst und anderen austauschen können.[67] Das kann ein guter, ehrlicher Freund sein, aber auch ein verschwiegenes, vorurteilsfreies Mitglied der christlichen Gemeinschaft, der man angehört. Oft ist es hilfreich, wenn der Begleiter älter ist, weil er manches mit größerer Distanz und Erfahrung beurteilen kann. Auch sollte der Weggefährte möglichst dem eigenen Geschlecht angehören, sonst schleichen sich leicht noch andere Gefühle und Bedürfnisse in die Beziehung ein.

Die christlichen Einsiedler in der Wüste Ägyptens bemerkten recht schnell, dass sie die gegenseitige Begleitung und Aussprache brauchten – was später zu zahlreichen Klostergründungen führte. Wer versteht, worum es in der Nachfolge geht, wird ebenfalls bald schon das Bedürfnis empfinden, sich mit Mitstreitern und Gleichgesinnten auszutauschen. Doch nicht nur biblische Texte und theologische Themen sollten hierbei das Thema sein. Wichtig ist auch, über *die eigene Person, das eigene Erleben und Ergehen* zu spre-

[66] Ebd., S. 66

[67] Ich meine damit wirklich einen Begleiter – keinen Seelsorger, den man gelegentlich bei besonderen Problemen oder Fragen aufsucht.

chen. Evagrius, einer der bekanntesten Wüstenväter, »rechnet damit, dass ein Großteil unseres geistlichen Weges darin besteht, auf die Leidenschaften in unserem Herzen zu achten, sie kennen zu lernen und gut mit ihnen umzugehen«[68]. Leidenschaften – damit meint Evagrius die Bedürfnisse des Menschen, die entsprechend starke Gefühle in ihm auslösen. Auf sich achten, sich selbst erkennen, angemessen mit den eigenen Gefühlen und Bedürfnissen umgehen – wer meint, dies alles *allein* leisten zu müssen oder zu können, überfordert sich gewiss. Sicher ist das einer der Gründe, weshalb Jesus seine Jünger auch zu zweit losschickte, als sie erstmalig ohne seine Begleitung, aber in seinem Namen zu den Menschen gehen sollten (Lukas 10,1).

[68] Anselm Grün, Verwandlung, S. 64

9. Verwandlung durch Beziehung

Reich ist, wer ein Du hat zu Austausch und Miteinander, das den Geist beflügelt und den Lebensmut stärkt.

ALEXANDER HOLZBACH

Ich beobachte: Jede über Jahre oder Jahrzehnte hinweg glückliche Ehe, jede über Jahre oder Jahrzehnte hinweg stabile Freundschaft oder Familie hat ihr eigenes Geheimnis und ihre eigenen Regeln und Mechanismen, die sich nicht einfach auf andere Menschen mit ihrem ganz anderen Wesen und mit ihrer ganz anderen Geschichte übertragen lassen.

Manche Menschen brauchen beispielsweise sehr viel Nähe in einer Beziehung, andere benötigen viel Freiraum. Manche sind sehr gesprächig, andere haben weniger das Bedürfnis, sich über alles auszutauschen. Manche gehen sehr offen und direkt miteinander um, andere sind vorsichtiger und zurückhaltender in der Kommunikation. Manche pflegen eine recht strikte Rollenverteilung, andere sind sehr flexibel, wenn es darum geht, Aufgaben und Zuständigkeiten zu übernehmen. Das sind nur einige der vielfältigen individuellen Unterschiede.

Allerdings gibt es gewisse »Grundkonstanten«, ohne die keine Verbindung lange haltbar oder gar belastbar ist. Dazu zähle ich folgende fünf Punkte:

- Zeit: Es muss ein gewisses Quantum an Zeit füreinander vorhanden sein.
- Interesse: Wir müssen Interesse am anderen und an der Beziehung haben.
- Kommunikation und Vertrauen: Wir müssen uns dem anderen öffnen und mitteilen und umgekehrt für sein Wesen, seinen Einfluss empfänglich sein.
- Selbstdisziplin und Arbeit an uns selbst: Die Bedürfnisse und Er-

wartungen unseres Gegenübers nehmen wir ebenso ernst wie unsere eigenen Wünsche und Vorstellungen.
- Frustrationstoleranz: Enttäuschungen und Verletzungen müssen immer wieder angesprochen, aber auch überwunden werden.

Was heißt das in Bezug auf unsere Gottesbeziehung?

- *Zeit:* Ich kann nicht »nebenher« an Gott glauben. Wenn er der Mittelpunkt meines Lebens sein soll, muss sich das auch in meiner Zeitgestaltung auswirken. Beziehungspflege braucht Zeit. *Wie* ich diese Zeit ausfülle, muss ich selbst entscheiden. Der eine geht gerne in Gottesdienste, der andere liest lieber ein christliches Buch, der Dritte geht am liebsten in einen Bibelgesprächskreis, der Vierte findet Gott in langen Spaziergängen in der Natur, im Betrachten alter Kirchen, im Singen ...
- *Interesse:* Viele Menschen gehen stillschweigend davon aus, dass Gott sich selbstverständlich jederzeit für *sie* interessiert; sie kommen aber nie auf die Idee, sich zu fragen, inwieweit sie sich selbst eigentlich für *Gott* interessieren. Zum Glauben gehört aber auch, für Gott aufgeschlossen zu sein, damit Verbundenheit wachsen kann. Das spricht Jesus in einem recht beunruhigenden Wort an: »Viele werden an jenem (letzten) Tag zu mir sagen: Herr, Herr, haben wir nicht in deinem Namen als Propheten geredet und in deinem Namen Dämonen ausgetrieben und in deinem Namen viele Machttaten vollbracht? Und dann werde ich ihnen bekennen: Ich habe euch nie gekannt ...« (Matthäus 7,22f). Es genügt offenbar nicht, sich auf Jesus zu berufen, selbst wenn man damit frappierende Erfolge erzielt – entscheidend ist vielmehr: ob wir uns seiner Person geöffnet und nach seinem Willen gefragt haben. Interesse an Gott zeigt sich meines Erachtens auch darin, dass ich mehr über ihn erfahren, ihn besser verstehen möchte. Hier sind entsprechende Information und Wissensvertiefung unerlässlich.

  Die Bibel kann mir viel über Gott erzählen und über die Erfahrungen, die Menschen mit ihm gemacht haben; allerdings kann die Bibel (vor allem Teile des Alten Testaments) Menschen auch in tiefste Verwirrung stürzen, weil die verschiedenen Gottesbilder für sie nicht leicht einzuordnen sind.[69] Wir brauchen deshalb auch den Austausch, das Gespräch über die Bibel, sei es mit anderen Menschen, sei es mit Hilfe von Büchern, Seminaren usw.

- *Kommunikation und Vertrauen:* Viele Menschen meinen, sie kommunizieren mit Gott, wenn sie sich mit vorformulierten Gebeten oder mit ihren individuellen Wünschen und Bitten an ihn wenden. Das tun sie auch – aber auf eine recht einseitige Weise. Wenn sie sich nämlich vorstellen, dass man mit ihnen so spricht, wäre ihnen augenblicklich bewusst, wie wenig dieser Umgang mit wirklicher Verständigung und echter Kommunikation zu tun hat. Zu befriedigender Kommunikation gehört immer auch, dass *beide* Seiten zu Wort kommen, dass es ein Wechselspiel von Sprechen und Hören ist, weil beide an den Gedanken des anderen aufrichtig interessiert sind. Nun ist dies in einem Gespräch zwischen Menschen einfach, weil ich den anderen direkt fragen und akustisch hören kann, was bei Gott nicht der Fall ist. Das verleitet viele Christen zu der Schlussfolgerung, dass ihre Kommunikation mit Gott nur aus eigenem Sprechen bestehen kann – was ich für einen verhängnisvollen Irrtum halte. Er führt dazu, dass wir Gott, um es salopp zu sagen, »voll quasseln« in der Hoffnung, ihn mit unserer Beredsamkeit überzeugen zu können. Was hierbei vollkommen außer Acht gelassen wird: Was könnte *Gott* eigentlich zu alldem meinen, was ich ihm darlege oder worum ich ihn bitte? Wie steht *er* dazu? Was möchte *er* mir eventuell mitteilen?

[69] Vgl. Franz Buggle, Denn sie wissen nicht, was sie glauben. Oder warum man redlicherweise nicht mehr Christ sein kann, Reinbek 1997. Der Autor listet auf, welch dunkle und erschreckende Bilder von Gott in der Bibel teilweise vermittelt werden und wie notwendig es ist, sich ehrlich mit diesen Bildern auseinander zu setzen. Diese Auseinandersetzung muss allerdings nicht – wie der Autor es dem Leser nahe legen möchte – in einem Verzicht auf das Christsein resultieren.

Die Praxis der Meditation, also des nicht nur äußerlichen, sondern auch innerlichen Stillwerdens und der gedanklichen Konzentration, hat in den verschiedenen Religionen eine lange Tradition. Es ist kein Zufall, dass das Ziel eigentlich bei allen Meditationstechniken dasselbe ist[70]: sich selbst zurückzunehmen, um dem Göttlichen Raum zu geben. »Nur in einem ruhigen Gewässer kann sich der Himmel spiegeln« heißt ein asiatisches Sprichwort. Die Methoden der Meditation können uns wertvolle Hinweise und Hilfestellungen dabei geben, wie wir lernen, in unserer persönlichen Kommunikation mit Gott auch geistig-seelisch zu schweigen. Zu schweigen, um offen zu sein für das, was Gott uns mitteilen oder in uns bewirken möchte. Zu schweigen, um uns von ihm durchdringen und verändern zu lassen.

Diese Seite des Betens wird viel zu wenig beachtet und geübt. Doch viele Klöster und christliche Einkehrhäuser bieten hierzu inzwischen kundige Anleitung.

- *Selbstdisziplin und Arbeit an uns selbst:* Grundsätzlich gilt: Ich will die Bedürfnisse und Erwartungen meines Gegenübers ebenso ernst nehmen wie meine eigenen Wünsche. Was aber sind Gottes Bedürfnisse und Erwartungen an mich? Auch das ist individuell höchst verschieden. Klar ist: Meine Liebe zu Gott soll auch in meinem Umgang mit mir selbst und mit meinem Mitmenschen zum Ausdruck kommen.

Darüber hinaus geht Gott mit jedem Menschen seinen eigenen Weg. Wichtig ist, dass ich versuche, Gottes Führung in meinem Leben nicht im Weg zu stehen. Das gelingt mir am ehesten, wenn ich mir zwar eigene Ziele überlege und sie verfolge, mich aber nicht allzu sehr an sie klammere, sondern offen bin für die »Ideen Gottes«.

Allerdings sind hier auch leicht Verwechslungen möglich. Ich wünsche mir etwas, ich habe ein Ziel – und schwupp bin ich der

[70] Vgl. hierzu die sehr interessante Übersicht von Peter R. Lipsett, Wege zur Transzendenzerfahrung, Münsterschwarzach 1992.

Meinung, Gott will genau dies auch. Meines Erachtens kommt hier wieder die Bedeutung der Gemeinschaft zum Tragen: Christen brauchen Boten Gottes, die ihnen hin und wieder den Weg weisen – oder auch versperren. Christen brauchen das Mitdenken der Brüder und Schwestern, so dass sie sich bei ihren Entscheidungen und Vorhaben nicht nur auf die eigenen Gedanken oder das, was sie als »Eingebungen« ansehen, verlassen müssen. Die Neigung zu Selbsttäuschungen ist bei uns allen viel zu groß.

Ich habe es mir deshalb angewöhnt, vor wichtigen Entscheidungen immer einige Menschen zu fragen, von denen ich weiß, dass sie nicht nach gängigen gesellschaftlichen Maßstäben[71] urteilen, sondern offen sind für Gottes Gedanken und Gottes Willen. Es müssen Menschen sein, die auch den Mut haben, mir zu widersprechen.

Oft ist darüber hinaus Geduld notwendig, weil wir in manchen schwierigen Lebensphasen lange nicht erkennen können, wohin sie uns führen sollen oder wozu sie gut sind. Diese Geduld zu üben ist auch eine Form der Arbeit an uns selbst, in der wir uns gegenseitig unterstützen können.

- *Frustrationstoleranz:* Enttäuschungen und Verletzungen müssen immer wieder überwunden werden. Wo Menschen einander vertrauen, sind Verletzungen unausweichlich. Nicht immer wird der andere meiner Person oder meinen Erwartungen gerecht. Was uns bei Menschen oft Mühe bereitet, nämlich ihre menschliche Unzulänglichkeit, ist bei Gott nicht das Problem. Gott kennt uns besser, als wir uns selbst kennen. Er enttäuscht uns nicht, weil es ihn überfordert, uns gerecht zu werden, sondern weil es *uns* überfordert, ihn zu verstehen. Gott mutet uns schwere Erfahrungen zu. Er verhält sich nicht so, wie wir es wünschen, erwarten, erbitten. Er bleibt scheinbar passiv, wo wir Aktivität erhoffen. Er scheint zu schweigen, wo wir um Antwort bitten. Die Hilfe bleibt aus, die Rettung ebenfalls.

[71] Damit meine ich all jene Regeln, Normen und Einstellungen, bei denen nicht mit einem aktiven, wirklichen und wirkenden Gott gerechnet wird.

Sage niemand, dass er als glaubender Mensch nicht immer wieder solche Enttäuschungen erleben würde – und behaupte auch keiner, dass es dafür immer eine plausible Erklärung gäbe. Manchmal bekommen wir sie später: »Ein Mensch sieht in die Zeit zurück und sieht: Sein Unglück war sein Glück«, schrieb Eugen Roth einmal. Aber auch diese Einsicht wird uns nicht immer zu Lebzeiten gewährt.

Wer es Gott nicht zugesteht, dass er seine eigenen Gedanken und Gründe hat, die für uns Menschen häufig nicht nachvollziehbar sind, dessen Beziehung zu Gott wird außerordentlich labil bleiben und keine »Krisenfestigkeit« entwickeln. Hier hilft nur das Vertrauen, dass trotz allem Unverständnis und aller Enttäuschung das Geschehene seinen Sinn hat – und dass es mich nicht zerstören, sondern zum Ziel führen soll.

10. »Du meine Güte, das schaffe ich nie ...!« – Anregungen für die Praxis

Das Leben meistert man lächelnd oder überhaupt nicht.

Aus China

Bloß kein Stress!

Stress entsteht, wenn uns Herausforderungen überfordern. Das geschieht in unserem Kopf, und es passiert immer dann,

- ▷ wenn wir uns selbst unter Druck setzen (lassen): Zeitdruck, Leistungsdruck, Erwartungsdruck etc.;
- ▷ wenn wir uns nichts zutrauen;
- ▷ wenn wir keine Unterstützung erfahren;
- ▷ wenn wir Angst haben zu versagen.

Es gibt für alle, die Jesus nachfolgen, jedoch keinen Grund für eine derartige Einstellung. Im Gegenteil!

Ein chinesisches Sprichwort lautet: »Auch eine Reise von tausend Meilen fängt mit dem ersten Schritt an.« Dieser Gedanke ist angesichts dessen, was Sie in diesem Buch alles gelesen und durchdacht, was Sie aufgrund der Lektüre auch möglicherweise beschlossen und sich vorgenommen haben, von großer Bedeutung. Sie haben vermutlich eine Menge Neues erfahren, das Sie erst einmal verarbeiten und in Ihr bisheriges Denken einbauen müssen. Vielleicht hat das Neue auch zur Folge, dass Sie manches, von dem Sie bisher gefangen oder überzeugt waren, hinter sich lassen wollen.

Was Sie erkannt haben

Wenn ich mich frage, was Sie möglicherweise aufgenommen und gelernt haben, dann würde ich mir Folgendes wünschen:

- Sie haben erkannt, dass der Mensch ein »Bedürfniswesen« ist – und dass dies seine Gefühle und sein Handeln bestimmt.

- Sie haben erkannt, dass auch Sie von inneren Antreibern (mit-) bestimmt werden, die oft aus der Frühzeit Ihres Lebens stammen und eine Menge mit Ihren Bedürfnissen zu tun haben.
- Sie haben die entscheidende Bedeutung des fehlenden Selbstwertgefühls und der mangelnden Selbstannahme erkannt, die sich in den meisten Ihrer inneren Antreiber widerspiegeln.
- Darüber hinaus haben Sie erkannt, wie enorm wichtig es ist, sich die eigenen Gedanken, Gefühle und Motive bewusst zu machen.
- Es wurde Ihnen klar, dass der christliche Glaube am besten als Weg zur Freiheit[72] beschrieben werden kann. Es geht dabei um eine Veränderung Ihrer Beziehung zu sich selbst, zu Ihren Nächsten und zu Gott. Eine solch tief greifende Entwicklung kann nicht allein Ihre, sondern muss auch Gottes Aufgabe sein. Doch sie kann nicht *ohne* Ihr Wollen und Ihr Engagement geschehen.
- Sie haben begriffen, dass es Sinn und Ziel dieser Entwicklung ist, immer häufiger in unserem Alltag vom Getriebensein (durch das eigene Selbst und seine Gefühle) zum Getragensein (durch Gottes Geist und Kraft) vorzudringen. In dem Maß, in dem wir die Verheißung Jesu »Ich bin der Weinstock, ihr seid die Reben« verwirklichen, werden wir auch lernen, »Herr im eigenen Haus« (der inneren Antreiber) zu sein. Dies ist aus meiner Sicht eine der möglichen Bedeutungen der wunderbaren Verheißung Jesu: *»Ihr werdet die Wahrheit erkennen, und die Wahrheit wird euch frei machen«* (Johannes 8,32).

Was Sie sich möglicherweise zum Ziel gesetzt haben

- Sie wollen lernen, bewusster auf Ihre Bedürfnisse zu achten: Was will ich eigentlich? Wonach sehne ich mich? Was brauche ich im Moment? Was vermisse ich?

[72] Die ursprüngliche Bedeutung des Wortes »erlösen/Erlöser« ist: »befreien/freikaufen«! Die Befreiung von Sünde ist ja genau genommen die Befreiung von dem Zwang, sein Leben selbst gestalten zu müssen – unter dem Diktat der Angst, Entscheidendes zu versäumen bzw. zu kurz zu kommen.

- Sie wollen lernen, ehrlicher und klarer Ihre Wahrnehmungen, Wünsche und Bedürfnisse anderen Menschen gegenüber (sofern es die Situation ermöglicht oder notwendig macht) zu benennen. Sie wollen ohne Scheu sagen, was Sie empfinden und was Sie gerne hätten – ohne damit den anderen unter Druck zu setzen oder ihm Vorwürfe zu machen.
- Sie wollen lernen, die Ursachen oder Auslöser Ihrer Gefühle zu erkennen, anstatt sich einfach von diesen Gefühlen (an)treiben zu lassen.
- Sie möchten, dass Einfühlung mehr und mehr die Grundlage Ihrer Gespräche und Begegnungen ist, nicht Selbstbehauptung um jeden Preis, ebenso wenig wie Selbstverleugnung oder »Selbstmaskierung«. Denn nur Einfühlung schafft Nähe und Verständnis, nur aus ihr erwachsen Vertrauen und Veränderung.
- Sie haben den Wunsch, immer seltener das Opfer Ihrer inneren Antreiber zu sein, sondern flexibler und freier in Ihrem Verhalten und Ihren Reaktionen zu werden.
- Sie arbeiten daran, Ihr eigenes Denken und Verhalten aufrichtig anzuschauen, ohne es gleich in Richtig-Falsch-Kategorien einzuteilen.
- Sie wollen lernen, immer mehr darauf zu achten, ob das, was Sie sagen oder tun, lebensfeindlich oder lebensförderlich ist, ob es Ihr Leben und das Leben Ihrer Mitmenschen reicher macht oder ärmer.
- Sie möchten Ihren Glauben als Chance sehen, in der Selbsterkenntnis zu wachsen, aber auch in der Gotteserfahrung und Gottesbegegnung. Denn daraus erwächst die Kraft, als »Getragene« Ihr Leben und den Umgang mit Ihren »Nächsten und Übernächsten« zu gestalten.
- Ebenso möchten Sie die Begegnungen und die Gemeinschaft mit Gott, aber auch mit anderen Menschen als große Einladung erkennen, daraus Impulse und Unterstützung für Ihr persönliches Wachstum zu bekommen.
- Sie möchten das, was Sie im Sinne Gottes dieser Welt zu geben haben, entdecken, entwickeln und mit anderen Menschen teilen.

Das ist ganz sicher im Sinne Jesu, der nicht nur seine damaligen Zuhörer, sondern auch Sie und mich meinte, als er sagte: »Ihr seid das Licht der Welt. Es kann die Stadt, die auf einem Berge liegt, nicht verborgen sein. Schließlich zündet man kein Licht an und stellt es unter einen Eimer, sondern auf einen Leuchter! So leuchtet es allen, die im Haus sind« (Matthäus 5,14f).

Was Ihnen bei Ihren Zielen eine Hilfe sein kann

- Das Lesen der Evangelien – wir lernen, wie Jesus als ein von der Liebe des Vaters getragener und vom Geist des Vaters geleiteter Mensch lebte, redete und handelte.
- Das Gespräch mit Gleichgesinnten darüber und über Sie selbst – mit dem Ziel persönlicher Entwicklung und Reifung.
- Das Lesen anderer Bücher, die Ihnen sicher, wenn Sie dafür aufgeschlossen sind, zur richtigen Zeit »in die Hände fallen«.
- Die – möglichst regelmäßige – Stille vor Gott mit dem Ziel, sich seinem Geist und Wirken auszusetzen:

Du durchdringest alles;
lass dein schönstes Lichte,
Herr, berühren mein Gesichte.
Wie die zarten Blumen
willig sich entfalten
und der Sonne stillehalten,
lass mich so,
still und froh,
deine Strahlen fassen
und dich wirken lassen.[73]

[73] Aus dem Lied »Gott ist gegenwärtig« (Text: Gerhard Tersteegen), Württ. Ev. Gesangbuch Nr. 165, Vers 6

- Das regelmäßige Tagebuchschreiben als Übung, um sich der eigenen Gedanken und Gefühle bewusst zu werden.
- Das regelmäßige Gebet als Übung, Gott gegenüber so präzise wie möglich die eigene Dankbarkeit, aber auch die eigenen Bedürfnisse und Gefühle zu schildern. Auch wenn »kein Wort auf unserer Zunge ist, das der Herr nicht schon wüsste« (Psalm 139, 4), so ist dieses Formulieren doch eine Hilfe für uns selbst, um bewusster zu leben.
- Einige gute Freundschaften, in denen Sie immer wieder ehrliche Rückmeldung bekommen und selbst geben können – als Einübung in Empathie, Aufrichtigkeit, Liebe als Haltung, aber auch in eine hilfreiche »Streitkultur«.
- Über allem aber: das klare Bewusstsein, dass Sie sich zu nichts zwingen und auch für nichts entschuldigen müssen. Sie dürfen gelassen und in dem Ihnen gemäßen Tempo Ihren Weg mit Gott gehen. Umwege und Irrwege sind ebenso ein Teil dieses Weges wie Rastzeiten und Erholungspausen, Talsohlen und Gipfelerlebnisse. Nachfolge heißt unterwegs sein zu einem Ziel, aber es heißt nicht: das Ziel schon erreicht zu haben oder noch in diesem Leben erreichen zu müssen.

Warum Sie allen Grund haben, hier und heute glücklich zu sein

- Was gibt es Erfreulicheres, als immer klarer zu erkennen, was uns wirklich glücklich macht?
- Was gibt es Schöneres, als einen Weg zu erkennen, der möglicherweise dorthin führt?
- Was gibt es Hilfreicheres, als einen Schlüssel zu finden, um sich mit der eigenen Vergangenheit auseinander zu setzen, aber auch zu versöhnen?
- Was gibt es Beglückenderes, als bewusster zu leben und dadurch immer mehr Spielraum im eigenen Denken und Handeln zu haben?

- Was gibt es Befriedigenderes, als in Gesprächen zu erleben, dass man versteht und verstanden wird, dass man Liebe und Einfühlung gibt und selbst Liebe und Einfühlung erfährt?
- Was gibt es Bereicherndderes, als die oft spannungsreiche Vielschichtigkeit, aber auch den Reichtum der eigenen Persönlichkeit zu erkennen und dazu ohne Schuldgefühle Ja sagen zu dürfen?
- Was gibt es Hoffnungsvolleres, als ein Ziel gefunden zu haben, für das es sich zu leben lohnt, und zu wissen: Ich muss den Weg dorthin nicht alleine gehen?
- Was gibt es Sinnvolleres, als zu erkennen: Ich gehöre zur großen Gemeinschaft der Kinder Gottes und baue mit an seinem Reich. Ich leiste meinen Beitrag dazu, dass diese Vaterunser-Bitte immer mehr Wirklichkeit wird: »Dein Reich komme, dein Wille geschehe, wie im Himmel, so auf Erden.«

Ich möchte dieses Buch beschließen mit einem Gebet, das von dem Franzosen Charles de Foucauld stammt, der eine weltliche Karriere abrupt beendete, weil er den Ruf Gottes hörte und erkannte, dass in dem Hören auf diesen Ruf sein Lebenssinn lag. Es ist auch mein Wunsch und Ziel, dass ich lerne, in der mir noch verbleibenden Lebenszeit (bis zum Übergang in eine andere Welt) dieses Gebet immer aufrichtiger und von ganzem Herzen zu sprechen.

Mein Vater,
ich überlasse mich dir,
mach mit mir, was dir gefällt.
Was du auch mit mir tun magst,
ich danke dir.
Zu allem bin ich bereit,
alles nehme ich an.
Wenn nur dein Wille sich an mir erfüllt
und an allen deinen Geschöpfen,
so ersehne ich weiter nichts, mein Gott.

In deine Hände lege ich meine Seele;
ich gebe sie dir, mein Gott,
mit der ganzen Liebe meines Herzens,
weil ich dich liebe,
und weil diese Liebe mich treibt,
mich dir hinzugeben,
mich in deine Hände zu legen,
ohne Maß,
mit einem grenzenlosen Vertrauen;
denn du bist mein Vater.

Literaturverzeichnis

Robert Arnot, Wer sich wohl fühlt, hat Erfolg, München 2001

Klaus Berger, Jesus, München 2004

Anselm Grün, Verwandlung, Mainz 1993

Anselm Grün, Der Himmel beginnt in dir, Freiburg 2001

Samy Molcho, Alles über Körpersprache, München 2001

Hans-Peter Röhr, Narzissmus – das innere Gefängnis, München 2005

Marshall B. Rosenberg, Konflikt lösen durch gewaltfreie Kommunikation, Freiburg 2004

Friedrich Schulz von Thun, Miteinander reden, Hamburg 1981

Angela Seifert, Jetzt pack ich's an, Stuttgart 1999

Beate M. Weingardt, Wie auch wir vergeben unseren Schuldigern ... Stuttgart 2000

Beate M. Weingardt, Das verzeih ich dir nie, Wuppertal 2004

Beate M. Weingardt, Wer immer nur gibt ... Gießen 2005